내 인생의
터닝 포인트

# 내 인생의 터닝 포인트 15분

| | |
|---|---|
| 발행일 | 2018년 6월 8일 |

| | |
|---|---|
| 지은이 | 김경근, 김하성, 이강률, 이지우, 윤주수, 허병선 |
| 펴낸이 | 손 형 국 |
| 펴낸곳 | (주)북랩 |

| 편집인 | 선일영 | 편집 | 권혁신, 오경진, 최승헌, 최예은, 김경무 |
|---|---|---|---|
| 디자인 | 이현수, 김민하, 한수희, 김윤주, 허지혜 | 제작 | 박기성, 황동현, 구성우, 정성배 |
| 마케팅 | 김회란, 박진관, 조하라 | | |

| | |
|---|---|
| 출판등록 | 2004. 12. 1(제2012-000051호) |
| 주소 | 서울시 금천구 가산디지털 1로 168, 우림라이온스밸리 B동 B113, 114호 |
| 홈페이지 | www.book.co.kr |

| 전화번호 | (02)2026-5777 | 팩스 | (02)2026-5747 |
|---|---|---|---|

| | |
|---|---|
| ISBN | 979-11-6299-151-0 03190 (종이책)    979-11-6299-152-7 05190 (전자책) |

이 도서의 국립중앙도서관 출판예정도서목록(CIP)은 서지정보유통지원시스템 홈페이지(http://seoji.nl.go.kr)와
국가자료공동목록시스템(http://www.nl.go.kr/kolisnet)에서 이용하실 수 있습니다.
(CIP제어번호: CIP2018017320)

마음의 병을 이기고 건강하게 사는 법

# 내 인생의 터닝 포인트

## 15분

김경근 외 5명 지음

명상을 위한
**마음치유 CD 포함**

명상 수련 전문가 6인이 전하는
쉽고 간단한 마음치유 기술

북랩 **book** Lab

강물처럼 흘러가는 시간을 따라, 어김없이 반복되는 계절을 따라, 바람이 불면 부는 대로, 쉼 없이 반복되는 일출(日出)·일몰(日沒)과 같이 순리대로 살아가는 것이 가장 인간다운 삶이라는 것을 우리 모두 알고 있습니다. 그렇지만 순리라고 생각했던 일이 순리가 아닌 경우나, 순리에 역행하는 수많은 장애물들, 그리고 그런 사람들과 맞닥뜨리며 살아가는 것이 보통 사람들의 인생입니다.

필자는 도이원을 운영하며 수많은 사람들과 오랜 세월에 걸쳐 수련과 명상을 해 왔습니다. 그러면서 지치고 다친 마음에 분노만으로 가득했던 회원, 몸과 마음의 깊은 병을 얻어 당장 내일을 기약할 수 없을 것만 같던 회원, 극심한 빈곤(貧困)으로 끼니까지 걱정해야 했던 회원, 우울증으로 정상적인 인간관계는 꿈도 꾸지 못하던 회원 등 다양한 아픔을 안고 살아가는 분들의 사례를 접하고 함께 치유해 나가면서 자기 스스로를 사랑하고 안아주는 방법에 대한 이야기를 더 많이 알려야겠다는 생각을 하게 되었습니다.

자신으로부터 뿜어져 나오는 기운(Aura)이 좋고, 긍정적이고, 밝고, 선(善)해야만 그런 기운을 가진 사람들과 관계를 만들어갈 수 있습니다. 몸과 마음의 건강과 병, 사업의 성공 여부, 재물의 많고 적음, 학업의 성취 정도, 사회생활에서의 원활한 인간관계 등 나의 삶의 모든 것이 기운

(Aura)에 달려 있습니다.

어둡고 부정적인 기운(Aura)에 휩싸여 있는 사람에게는 결코 좋은 일이 생길 수 없으며, 괜찮은 사람을 만날 수도 없습니다. 그러므로 환경이나 주변인을 원망하는 삶이 아니라 자신의 모든 것을 똑바로 들여다보고, 끊임없이 스스로를 정화(淨化)해 나가며 가꾸어 나가는 삶을 만들어 가야 합니다.

필자는 현대인들의 고민과 아픔, 상처 등을 스스로 치유해 나가고 다독일 수 있는 명상과 수련의 방법을 공유하고, 특히 자신의 삶을 완전히 다른 방향으로 전환시켜 나갈 수 있는 에너지 기법을 다루고자 합니다. 시작은 보잘 것 없이 느껴질지라도, 당신에게 나타날 분명하고도 놀라운 결과에 대해 기대감을 갖고 차분히 따라와 주시기를 바랍니다.

끝으로 공저자 김하성, 이강률, 이지우, 윤주수, 허병선 님께 감사드리며, 부디 《내 인생의 터닝 포인트 15분》 책과 부록 CD가 여러분과 여러분의 소중한 사람들의 삶에 크고 아름다운 빛이 되길 기원(祈願)합니다.

2018년 6월

도이원 원장 김경근

사업가 A씨는 어머니로부터 평소 귀가 따갑게 듣는 이야기가 있었습니다.

"하루 세끼 밥을 잘 챙겨 먹어야 한다. 한 끼라도 굶으면 그 한 끼 굶은 것은 평생 다시 먹을 수 없는 것이기에 몸에 탈이 나고 나중에 건강이 나빠지게 되니 무슨 일이 있어도 하루 세끼 밥을 잘 챙겨 먹어야 한다."는 말씀이었습니다.

그래서인지 A씨는 평소 밥 잘 챙겨 먹기로 소문이 났는데 어쩌다 바빠서 한 끼 굶기라도 하면 몸이 이상해지고 탈이 나곤 했습니다. 그럴 때면 역시 어머님이 하신 말씀이 맞는 것이라고 생각하고 더욱더 하루 세끼 밥을 잘 챙겨 먹어야겠다고 생각했답니다.

그러던 어느 날, A씨는 일주일간 회사 워크숍에 참가하게 되었는데 그 중 시간을 알 수 있는 모든 정보가 차단된 채 이루어지는 특별교육이 있었다고 합니다. 시계는 물론이고 낮과 밤을 알 수 있는 모든 정보가 차단되어 누가 말해주지 않으면 며칠이 지났는지조차 알지 못할 정도였다고 합니다. A씨는 일주일간의 교육을 별 탈 없이 잘 받았는데, 교육이 끝나고 나서야 교육 중 하루에 두 끼의 식사만이 제공되었다는 것을 알게 되었습니다. 끼니를 지나치면 반드시 건강상에 문제가 생긴다고 믿어 의심치 않고 살아왔음에도 불구하고 아무런 문제없이 하루 두 끼만을 먹으며 일주일간의 교육을 마쳤던 것입니다.

그제야 A씨는 그동안 하루 한 끼라도 굶으면 몸에 탈이 나고 이상이 생겼던 것이 자신의 잘못된 믿음에서 비롯된 것임을 깨닫게 되었습니다. 그 교육을 받고 난 후로는 하루 세끼 밥을 챙겨 먹는 것에 집착하지 않게 되었고, 어쩌다 한 끼 굶는 일이 있어도 몸의 이상을 느끼는 일은 없었다고 합니다. 또한 자신이 믿고 있는 믿음의 대부분이 자신이 살아오면서 가족에게 듣거나 사회생활을 하면서 주입된 것이라는 것도 깨닫게 되었습니다.

정보의 홍수 시대라 불리고 있는 지금, 세상에는 '잘 먹고 잘 사는 법'에 관한 수많은 건강법들이 넘쳐나고 있습니다. 흥미로운 사실은 서로 상반되는 건강법이 공존하며, 그 둘의 성공적 체험 사례가 있다는 것입니다.

예를 들면 아침을 먹어야 건강에 좋다는 건강법에 따라 아침 식사를 꼭 챙겨 먹다 보니 건강해졌다는 사람이 있는가 하면, 아침을 먹지 않아야 건강에 좋다는 건강법을 믿고 아침에 공복을 유지해서 건강해졌다는 사람도 있습니다. 이는 각자의 체질이 달라서 결과가 달라진 경우라 할 수 있겠지만, 근본적으로는 내가 옳다고 믿으면 그 믿음대로 현실이 이루어진다는 것을 보여주는 하나의 예이기도 합니다.

그래서 새로운 약물을 시험할 때도 플라시보 효과(가짜 약을 진짜 약이라고 믿으면 실제로 치료효과가 나타나는 현상)를 차단하기 위해서 이중맹검법(환자와 의사 양쪽에 치료용 약과 플라시보의 구별을 알리지 않고, 제3자인 판정자만이 그 구별을 알고 있는 검정법)을 통해 효과를 평가하게 됩니다.

그러니 자신이 처한 현실을 바꾸려고 한다면 본인의 믿음을 바꾸어야 하며, 믿음이 바뀌지 않는다면 그 어떠한 노력도 현실을 바꾸지 못하게 됩니다.

그런데 종종 우리는 자신의 믿음을 현실로 창조하는 것이 아니라 자신의 두려움을 현실로 창조하는 실수를 저지르고 맙니다. 물론 이 또한 믿음이 현실을 창조한 것이기도 합니다.

조난(遭難)을 당한 사람들의 대부분은 인간이 견딜 수 있는 한계시간에 훨씬 못 미치는 시간을 견디다 죽음에 이르고 맙니다. 구조되지 못할 것이라는 두려움, 죽음에 대한 공포가 극도에 달해 심리적 문제로 인해 목숨을 잃고 마는 것입니다.

무엇인가를 믿는다는 것은 그 믿음에 대한 저항(불안, 초조, 두려움 등)이 없다는 것을 말합니다. 어떤 대상이나 현상에 대한 저항이 없는 믿음은 그것이 곧바로 현실로 나타나게 하지만, 저항이 많은 믿음은 그것이 현실로 나타나기 어렵게 한다거나 시간이 많이 걸리도록 하고, 또는 믿는 대상의 반대되는 것이 현실로 나타나게 합니다.

살아가며 다양한 경험을 하고, 그 경험들과 정보에 대한 믿음은 마음에 흔적을 남깁니다. 이 흔적들이 당신의 삶에 부정적 영향을 끼치고 있는 것입니다.

이 책과 부록 CD는 당신이 현실의 고통을 이겨내고 지탱할 수 있도록 당신을 도울 것입니다.

저는 김영록 한의원의 원장 김영록입니다.

'아스클레피오스'라는 의학의 신이 들고 있는 지팡이에는 뱀 세 마리 문양이 있습니다. 이 문양은 인간을 구성하는 세 요소인 육체·정신·영혼을 나타낸다고 하며, 이중 하나라도 문제가 생기는 것이 병의 원인이라는 이야기가 있습니다.

특히 한의학의 한 흐름인 사상의학에서는 마음 씀씀이도 사람들마다 각기 다르게 가지고 태어나는데, 거기에 따라 스트레스를 받는 원인이 각기 달라 그것이 병이 되어 나타나는 증세마저 각기 다릅니다. 따라서 각자의 체질별로 마음 씀씀이와 스트레스를 받는 요소, 그리고 이에 따른 병증과 그것을 치료해 주는 약물 구성 및 처방도 각양각색(各樣各色)으로 운용하면서 치료합니다.

이와 같은 시각으로 사상의학을 창안했을 때가 120여 년 전인 조선말 무렵이었는데, 오랜 세월이 지난 현재는 더욱더 세상이 복잡하고 변화무쌍해서 못 먹은 탓에 병이 오기보다는 스트레스로 인해 마음이 병들어서 자율 신경이 실조되거나 호르몬 불균형으로 인한 면역이상으로 병이 오는 경우가 허다합니다.

그리고 예전에는 만병이 마음으로부터 온다고 하면 그럴 수도 있겠다고 했지만 지금은 fMRI(실시간으로 뇌의 변화를 보여주는 자기공명영상장치)

를 통해 환자의 마음상태와 실시간 뇌의 활성화 상태를 비교·분석해 주며, 그로 인한 호르몬 수치의 변화에 대한 연구가 활발해져서 실제 인간의 희로애락(喜怒哀樂)에 의한 호르몬 변화가 신체에 미치는 영향까지 증명되고 있습니다. 그 결과 신체건강과 현대병 치료의 핵심은 마음치유에 있다고 결론 내릴 수가 있습니다.

저희 한의원에서도 마음을 치유할 수 있는 탕제와 침술을 몸 치료보다 더 중요하게 생각하고 있습니다. 환자의 마음이 평안할 때는 자연치유력이 높아져 특별한 방법을 쓰지 않아도 치유효과가 큼을 알았기 때문입니다.

인체에 침을 놓는 경혈과 그 흐름의 낙(絡)은 곧 마음이 흐르는 길입니다. 저는 그동안의 진료경험을 통해 이 길이 소통되지 못하는 것이 면역 및 자율신경 문제로 나타나며 모든 병의 원인임을 알게 되었습니다. 그리고 이 길이 막히는 이유가 바로 마음의 문제입니다. 이러한 문제가 제거되지 않는다면 아무리 명약(名藥)일지라도 효능을 낼 수 없을 것입니다.

'한의학은 기(氣) 의학이다.'라는 말이 있습니다. 차크라 12정경 등에 흐르는 에너지의 정체는 마음입니다. 예를 들어 콩팥경맥의 흐름에 문제가 있는 분은 공포영화를 못 보는 경우가 많고, 폐경맥에 문제가 있는 분은 로맨스영화를 눈물 때문에 못 보는 경우가 많습니다.

진맥을 통해 제가

"이러저러하시죠?"

라고 말하면 환자들은 깜짝 놀란답니다. 그걸 어떻게 알았느냐는 듯이 눈이 휘둥그레집니다. 이렇듯 마음은 우리의 건강과 삶 전체에 큰 영향을 준다 할 수 있습니다. 본인도 도이원에서 3년째 수련 중이고, 그 과정을 통해 제 의식과 의술을 더 높일 수 있는 계기를 마련할 수 있었습니다.

이번 기회에 김경근 선생님께서 마음치유에 새로운 길을 안내할 책을 출판하신다는 소식에 기쁜 마음으로 미흡한 말씀을 몇 자 올립니다.

## 1장   현대 의학으로 보는 마음의 병

## 2장   내 행복은 어디로 갔을까

# 3장 당신이 알고 있는 기(氣)

# 4장 워밍업

## 5장  15분으로 달라지는 삶 - 부록 CD

## 6장  삶에 찾아온 변화

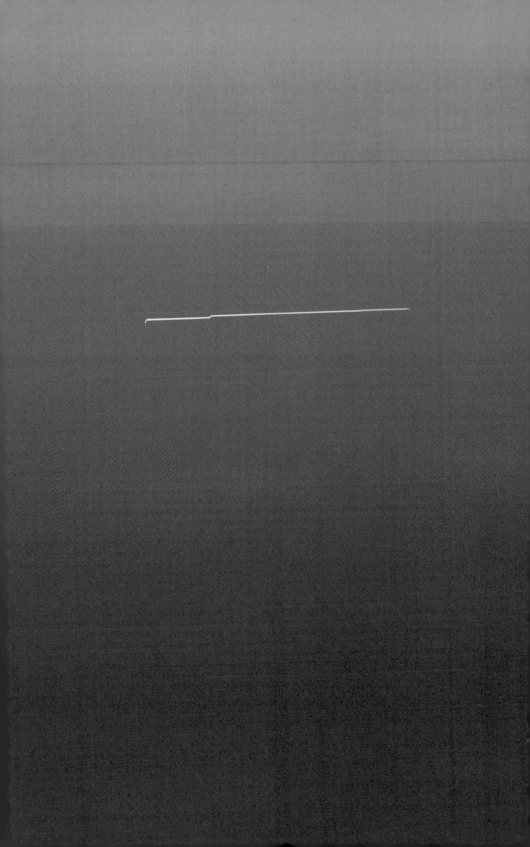

# 현대 의학으로 보는
# 마음의 병

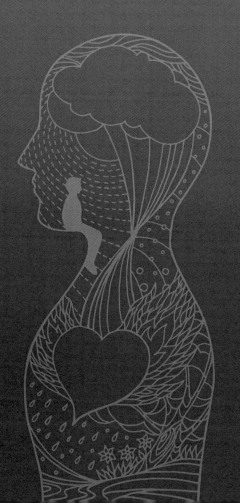

# 1. 우울증

한동안 우울한 감정이 든다는 사람들을 모두 '우울증'이라고 진단할 수는 없습니다. '우울한 감정'과 '우울증'은 엄연히 다른 이야기입니다. 왜냐하면 인간관계, 업무상의 스트레스, 시험에서의 낙방, 실연 등 일상 속의 예기치 않은 사건으로 만들어지는 보통 사람들의 '우울한 감정'은 시간이 지나감에 따라 점점 회복되어 예전의 밝은 기분을 되찾기 때문입니다. '우울한 감정'에는 정말 시간이 약이 된다고 할 수 있습니다. 그렇다면 현대 의학에서는 어떤 상태를 '우울증'이라고 진단할까요?

'우울증'은 반드시 인지하고 치료해야 하는 심각한 질병입니다. 본인의 노력 여하에 따라 스스로 극복할 수 있는 차원의 문제가 아닙니다. 또한 개인의 의지박약, 능력 부족, 게으름 등과 '우울증' 치료는 전혀 관계가 없습니다. '우울증'을 방치하였을 경우 최악의 경우 '자살'을 초래할 수 있기 때문에 반드시 치료가 필요한 것입니다. 우울증은 누구에게나 올 수 있지만, 충분히 치료할 수 있는 질병입니다.

그럼 우울증의 증상에 대해 간단히 알아보도록 하겠습니다.

1. 사소한 일에도 자꾸 눈물이 난다.

2. 화장은 물론, 씻는 것조차 귀찮다.

3. 식욕이 없어지거나 음식을 삼키기조차 힘들다.

4. 수면장애가 오고, 낮에 심하게 졸음이 온다.

5. 2주 이상 우울한 기분이 지속되고 영원히 계속될 것 같다.

6. 초조하고 불안하며 진정이 되지 않으며 불길한 예감이 계속 든다.

7. 어떤 일을 먼저 해야 할지 갈피를 잡을 수가 없다.

8. 멍하게 있을 때가 많고, 건망증이 심해진다.

9. 이해력이 떨어지고 사소한 일에도 결정을 내리지 못한다.

10. 다른 사람들에게 피해만 주는 것 같고 나만 미움을 받는 것 같다.

11. 늘 자책하고, 누군가에게 미안한 마음만 든다.

12. 어두운 곳이 더 편하게 느껴지고 열등감이 심해진다.

13. 활기와 의욕이 없고 몸은 젖은 솜처럼 늘 무겁다.

14. 친구나 가족도 믿을 수가 없고 사람들과 어울리기가 버겁다.

15. 대화에 집중할 수가 없고 다른 사람들과 이야기하는 것이 피곤하다.

16. 무엇을 해도 재미가 없고, 섹스에 관심이 없어진다.


위에서 말씀드린 것 말고도 훨씬 세부적이고 섬세한 증상들이 많이 있습니다. 하지만 분명한 것은, 정상적인 상태와는 확연히 다른 증상들을 자각할 수 있고 주변인들도 느낄 수 있다는 것입니다.

우울증이 발병하게 된 데에는 개개인의 사연이 있습니다. 즉, 생물학적 요인과 환경적인 조건이 복합적으로 상호작용하여 발병한다고 봐야 합니다.

무엇보다 현대인들에게 있어서는 갖가지 감정적 스트레스가 우울증의 중요한 요인이라고 할 수 있습니다. 예를 들어 직업에서 오는 스트레스, 대인관계에서의 고독감, 갑작스러운 사고, 이별이나 사별, 실직과 같은 것이 그것입니다.

그런데 과거나 현재에 우울증을 유발할 만한 이슈가 없음에도 발병을 한 경우에는 환자 자신이나 주변인도 그 원인을 설명하지 못하는 경우가 대부분입니다. 혹은 외상 후 스트레스 장애라 불리는 심각한 스트레스나 스스로 느끼는 직장에서의 압박감에 의해 우울증이 발병하기도 합니다. 하지만 근래의 스트레스가 아닌 과거에 처했던 환경에 문제가 있거나, 받아들이기 어려운 사건을 경험한 경우에도 우울증에 걸리는 사람이 많습니다.

또한 회사만을 위해 죽도록 일만 하던 사람이 느끼는 무기력과 허탈감(Burnout syndrome) 등도 우울증이라 볼 수 있습니다. 직장으로부터 오는 우울증은 자신이 투자한 것에 비해 보상이 보잘 것 없다고 느껴질 때, 아무리 노력해도 나아지는 것이 없음을 누차 확인할 때 우울증에 걸리기 쉽습니다. 자신의 꿈을 포기하고 가사 일에만 매달리던 여성이 자신이 꿈꾸던 이상적인 삶과 지금의 현실 사이에서 커다란 괴리(乖離)를 느끼게 되어도 우울증이 발병할 수 있습니다.

이렇듯 자신의 역할이나 일의 양이 많고 적음의 문제가 아니라 자신의 삶의 방향을 스스로 정하지 못한 채 떠밀리듯 살아가는 사람에게 나타날 수 있는 마음의 병이 바로 우울증입니다. 때문에 자신의 삶을 행복하게 가꾸어 나가는 데에 있어서 스스로 삶을 통제하거나 어떤 문제를 결정할 수 있는지 여부도 매우 중요하다는 사실을 잊지 말아야 합니다.

우울증을 앓고 있는 사람에게

"넌 왜 그렇게 게으르니?"
"불평 따위는 집어치워."
"숙면을 위한 노력을 해라."
"긍정적으로 생각할 수는 없는 거야?"

등의 섣부른 충고는 아무런 도움이 되지 않습니다. 하지만 우울증은 치료할 수 있고, 치료 후에 다시 안정된 상태로 평범한 생활을 해 나갈 수 있으므로 환자 스스로, 혹은 가족들이 적극적으로 상담과 치료에 나서야 할 것입니다. 자살 충동이 크거나 일상적인 생활이 거의 불가능한 중증 우울증의 경우를 제외하고는 통원하면서 약물 요법과 심리 상담 등으로도 충분히 치료가 가능합니다.

지금부터는 현대 의학에서의 우울증 치료 방법에 대해 조금 더 자세히 알아보도록 하겠습니다.

가장 대표적인 방법으로는 항우울제를 통한 약물 치료가 있습니다. 항우울제는 세로토닌이나 노르아드레날린과 같은 신경전달물질들을 통해 신경세포 자극이 다른 신경세포로 전달되는 과정을 촉진하는 역할을 합니다.

항우울제들의 치료 효과는 대동소이(大同小異)하지만 의욕 증대 혹은 진정과 같이 정반대의 작용을 하기도 하고, 부작용 측면에 있어서 차이를 보이기도 합니다.

항우울제는 우울증에만 사용하는 것이 아니라 다양한 정신과적 질환, 예를 들어 외상 후 스트레스 장애, 강박증, 각종 중독증, 불안증 등에도 사용됩니다. 어떤 환자에게 어떤 약물을 어느 정도 사용하는지는 의사가 정확하고 세심하게 판단할 문제이기 때문에, 환자의 경우 자신의 상태를 스스로 진단하여 함부로 약을 줄이거나 중단해서는 안 됩니다. 이는 환자의 가족이나 주변인들도 명심해야 하며, 의사의 지시를 따르는 것이 중요합니다.

약물 치료와 마찬가지로 심리 치료 역시 우울증 치료에 있어 매우 중요합니다. 그중 행동 치료는 우울증 치료에 있어 가장 일반적인 방법이라고 할 수 있습니다. 이 치료법은 환자가 일상 속에서 두려움과 걱정을 느끼는 대상에 대한 인식을 변화시킴으로써 앞으로의 삶에 대한 희망을 품게 만들어주고, 나아가서는 긍정적인 기분을 유지해 나갈 수 있도록 만들어 줍니다. 또한 심리 치료 방법 중 하나인 대인 관계 치료는 우울증의 원인을 주변인들과의 의사소통 장애로 보고 주변인들과의 의사소통 시 나타나는 문제 행동과 인식을 교정해 나가는 방식입니다. 그 밖에 심리 치료에는 정신 분석 요법이 있습니다.

우울증의 기타 치료 방법에는 전기 충격 치료라든가 갖가지 신종 치료법, 운동이나 영양소 섭취 등을 통한 대체 요법이 있습니다.

# 2. 수면장애

수면장애에는 불면증, 수면무호흡증후군, 기면증, 일교차성 수면장애, 야경증(자다가 갑자기 비명을 지르며 시작되는 공황상태를 보이는 질환) 등이 있습니다.

그중에서 우리는 불면증에 대해 자세히 알아보도록 하겠습니다.

갖은 스트레스에 시달리는 현대인들 사이에서 10명 중 4~5명꼴로 수

면장애를 겪고 있는데, 남성보다는 여성에게 더 많이 나타나며 야간 근무자의 경우 3명 중 1명꼴로 수면장애를 겪고 있고 점점 늘고 있는 추세입니다.

불면증의 주된 원인은 스트레스에 있습니다. 스트레스로 인한 긴장이나 흥분 상태는 수면 상태에 드는 것을 방해합니다. 이를 개선하기 위해서는 스트레스를 받지 않는 것이 근본적인 대책이겠으나, 어떤 형태로든 사회생활을 하는 현대인들이 스트레스 없이 산다는 것은 불가능한 일입니다.

만약 불면증에 시달리고 있다면 오히려 잠을 자야 한다는 강박에서 벗어나 잠이 올 때만 잠자리에 드는 것이 좋습니다.

우울증과 같은 정신과적 질환으로 인해 불면증에 빠지는 경우도 있습니다. 이 경우에는 불면을 야기하는 정신과적 질환부터 치료하는 것이 먼저입니다.

수면 패턴의 변화가 불면증을 야기하기도 합니다. 인간은 성장하면서 숙면을 경험하게 됩니다만, 나이가 들어 노년기로 갈수록 점점 얕은 잠을 자게 됩니다. 수면 패턴의 변화를 자연스럽게 받아들이지 못하고 수면의 질이라든가 수면 시간 등에 불만을 갖기 시작하면 긴장감이 생겨 숙면을 취하기 어렵게 됩니다. 따라서 노년기로 접어들면서 나타나는 수면 패턴의 변화는 건강상에 지장을 주는 것이 아니니 마음가짐을 편안히 하는 것이 좋습니다.

불면증의 증상은 다음과 같습니다.

1. 잠자리에서 잠들기까지 30분 이상 뒤척인다.

2. 수면 상태를 유지하지 못하고 여러 차례 깬 뒤, 다시 잠들기 어렵다.

3. 이른 아침에 각성하여 다시 잠들기 어렵다.

4. 여러 가지 꿈을 꾸고, 일어나서도 꿈의 내용이 생생하다.

5. 피로감으로 일상생활에 불편함이 많다.

6. 수면 문제가 일주일에 3회 이상 반복되고, 3개월 이상 지속된다.

생활습관을 바로 잡는 것만으로도 수면장애를 극복하는 데에 많은 도움을 받을 수 있습니다. 몇 가지만 소개해 보도록 하겠습니다.

1. 기상 시간과 취침 시간을 정해 준수한다.

2. 잠이 오지 않을 때에는 굳이 잠자리에 들지 않는다.

3. 잠자리에 누워 시계를 보지 않도록 한다.

4. 잠자리 환경을 안락하게 만든다. 암막 커튼을 치거나, 방의 온도를 체크하고, 자신이 가장 편안하게 잠들 수 있는 매트리스와 이불을 준비한다.

5. 낮잠을 자더라도 30분에서 1시간을 넘지 않도록 한다.

6. 잠들기 전에는 나쁜 감정이 드는 말이나 행동을 하지 않도록 한다.

7. 고민거리나 스트레스를 받을 만한 일은 생각하지 않도록 한다.

8. 잠들기 전에 마시는 술은 숙면에 도움이 되지 않으므로 피한다.

9. 잠자리에 들기 2시간 전에는 휴대 전화나 컴퓨터 사용을 피한다.

10. 카페인이 든 음료나 차는 적어도 잠자리에 들기 6시간 전에는 마시지 말아야 한다.

11. 낮에 햇빛을 많이 받는 것은 멜라토닌 분비에 도움이 된다.

12. 잠들기 전에 하는 과도한 운동은 숙면을 방해한다.

13. 1,500 가우스 이하의 자석의 N극 쪽을 피부에 닿게 하여 미간에 붙인다.

# 3. 공황장애

　최근 일부 연예인들이 자신이 공황장애를 앓고 있음을 고백하는 경우가 왕왕 있습니다. 이미 치료가 되었거나, 혹은 치료 중임을 밝히고 하나의 화제로 다루기도 합니다. 대중 앞에 나서서 늘 좋은 모습, 즐거운 모습, 반듯한 모습만을 보여야 하는 연예인들에게 공황장애란 치명적인 질환이 아닐 수 없습니다. 이는 비단 연예인들의 문제만이 아닙니다. 실제로 현대인들 중, 공황장애를 앓고 있는 사람들이 꽤나 많습니다.

　그렇다면 공황장애란 무엇일까요? 공황장애는 어느 날 갑자기 찾아오는 경우가 많습니다. 그렇기에 처음 겪는 사람의 경우 죽음의 공포를 느끼기까지 합니다. 갑작스럽게 찾아온 발작은 그리 길지 않은 시간에 수습이 되고, 검사를 해도 신체적 이상을 발견할 수 없습니다. 그래도 최근에는 공황장애에 대해 알고 있는 사람들이 많기 때문에 무작정 신체 질환으로 오인해버리는 경우가 현저히 적어진 것이 사실입니다.

　그럼 이제부터 공황장애의 증세에 대해 알아보도록 하겠습니다.

　1. 갑자기 이유 없이 공포가 엄습해 온다.

2. 숨이 차고, 심장이 터질 듯 울렁거리며 현기증이 난다.

3. 감각이상이 찾아오거나, 자제력을 상실하게 된다.

4. 땀이 나거나 떨리고, 전율이 느껴진다.

5. 죽음에 대한 공포가 엄습해 온다.

6. 특별한 원인이나 조짐 없이 갑작스러운 발작이 되풀이된다.

7. 비교적 짧은 시간에 사태가 수습된다.

그렇다면 공황장애는 왜 일어나는 것일까요?

인간의 뇌간에는 청반핵이라는 것이 있는데, 쉽게 말해 우리 몸에 있는 경보장치라고 생각하시면 됩니다. 이 경보장치가 오작동을 하게 되면 위험 경보를 계속 울리게 되는데, 그것이 멈추지 않으면 신체는 즉각적으로 위험 대비 모드로 돌입하게 됩니다. 이에 따라 위에서 말한 것과 같은 증세가 나타나는 것입니다. 화재경보기가 오작동하여 계속 울리는 것과 마찬가지라고 생각해볼 수 있겠습니다.

그렇다면 청반핵이 오작동을 일으키는 원인은 무엇일까요?

이 역시 신경전달물질의 불균형으로 볼 수 있습니다. 교감신경의 신경세포를 자극하는 작용을 하는 신경전달물질인 노르에피네프린이 청반핵에서 과다하게 분비되면 경보기에 빨간불이 들어오고 오작동을 하게 되는데, 이것이 바로 '공황발작'을 일으키는 것입니다.

사람의 인체는 완벽하지 않습니다. 어떤 누군가는 약한 심장을 가지고 태어날 수 있고, 또 어떤 누군가는 호흡기나 신장에 문제를 가지고 태어날 수 있습니다. 혹은 비만 유전인자를 가지고 태어날 수도 있고, 고혈압이나 당뇨와 같은 질병을 타고날 수도 있습니다. 그리고 태어나거나 살아가는 환경에 의해 후천적으로 취약한 점이 나타나기도 합니다.

공황장애도 마찬가지입니다.

환자들은 급작스럽게 나타나는 공포에 대해 선천적이든 후천적이든 취약점을 가지고 있습니다. 특히 신체적·심리적 스트레스에 의해 예기치 못한 공황발작이 오게 되는데, 그러한 일이 발생하기 전에 환자들은 신체적·심리적 압박을 받은 상태라는 공통점을 가지고 있습니다.

스트레스는 만병의 근원이라는 말이 맞습니다. 누구나 며칠 동안 야근에 시달렸거나 충분한 잠을 자지 못했을 때, 강도 높은 일을 수행해야만 했을 때 가슴이 답답하거나 숨쉬기가 힘들다고 느껴질 때가 있었을 것입니다.

그것이 모두 공황발작으로 이어지지는 않지만, 심리적으로 취약한 사람은 극심한 스트레스로 인해 공황장애 환자가 되는 것입니다.

'공황발작'을 처음 겪는 환자의 경우 심장이나 뇌의 질환을 의심하여 병원을 찾는 경우가 있는데, 자신의 문제를 스스로 인지하여 정신건강 의학과로 바로 찾아가는 환자들도 꽤 많은 편입니다. 이처럼 뇌는 여러 가지 신체적 증상을 나타냄으로써 인간의 감각을 교묘하게 속일 수도 있다는 사실을 아셔야 합니다.

공황발작은 죽음을 초래하지는 않지만, 많은 환자들이 발작을 일으키다가 그대로 사망할 것만 같은 극심한 공포를 느낍니다. 이러한 공황발작을 치료하기 위해서 약물을 사용합니다. 보통은 앞서 말씀드린 바와 같이 청반핵에서 분비되는 노르에피네프린의 활동을 억제하기 위해 항불안제인 벤조디아제핀을 처방합니다.

그런데 항불안제만으로는 공황장애를 완치할 수 없습니다. 공황발작이 일어나지 않더라도 불안 증세는 계속될 수 있기 때문입니다. 또한 전에 경험한 발작 증세로 인해 공포와 불안, 우울 증세가 동반되어 나타날 수 있습니다. 따라서 약물 치료 말고도 행동 치료 계획을 체계적으로 세워 꾸준히 실행해 나가는 것이 중요합니다.

예를 들면, 버스나 지하철을 타 보는 연습을 해 보는 것입니다. 혼자 타는 것이 두려울 경우 친구나 가족의 도움을 받는 것이 좋습니다. 또한 처음에는 출입문 근처에 서서 타보고, 그것에 익숙해지면 대중교통을 이용하는 시간이나 자리에 조금씩 변화를 줘 보는 것입니다. 아주 세밀하게 목표를 세우지 않으면 다시금 발작이 일어나거나 더욱 극심한 공포감을 느끼게 될 수도 있기 때문에 너무 큰 욕심을 내지는 말아야 합니다.

느리지만 꾸준히 행동 치료에 전념하다 보면 대중과 좁은 공간에 함께 있는 것에 대한 두려움이 줄어들고, 조금씩 자신감이 붙기 시작하며 공황장애를 극복해 낼 수 있는 것입니다.

# 2장

# 내 행복은
# 어디로 갔을까

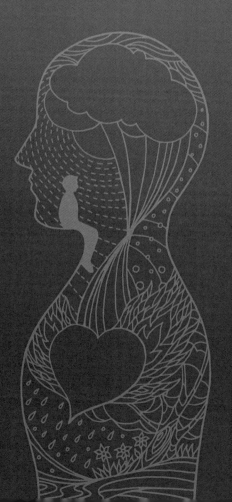

# 1. 스트레스의 바다

이제 쫑알거리며 말을 막 시작한 꼬맹이가,

"어휴, 스트레스 받아."

라는 말을 합니다. 스트레스가 뭔지도 모르는 꼬맹이 입에서 그런 말이
나온 다는 것은 십중팔구 그런 말을 부모나 주변 어른들로부터 많이 들
었다는 뜻일 것입니다. 우리나라 사람들이 가장 많이 쓰는 외래어가 '스
트레스(stress)'라고 하니 눈에 보이지도 않는 그것이 현대인들을 몹시도
괴롭히긴 괴롭하나 봅니다.

이 스트레스라는 놈은 만병(萬病)을 몰고 다니기도 하고, 의료인이 환
자에게 멀리할 것을 당부하는 것(술, 담배, 스트레스)에서도 절대 빠지지 않
습니다. 스트레스를 '제3세대 질병'으로까지 부르는만큼, 사회적 문제가
되어 가고 있는 것도 사실입니다. 또한 스트레스를 풀기 위한 방법으로
술, 담배, 도박 등 쾌락적인 것을 택하는 경우가 많기 때문에 스트레스
가 많은 사회는 건강하지 못한 사회라고도 할 수 있습니다.

세계보건기구(WHO)에서도 미래 최대 질병 중 하나로 스트레스나 우울증 등과 연관된 정신적 질병을 제시한 바가 있습니다. 사회나 국가적 차원에서 스트레스를 관리하고 치유하는 법적·제도적 장치가 반드시 필요하다고 할 수 있습니다. 그렇지 않으면 스트레스로 인해 사회적·경제적 발전이 정체 혹은 퇴보될 우려가 매우 높습니다. 더욱이 과도한 스트레스가 산업재해로 이어질 경우, 경제적 손실이 엄청날 수도 있습니다.

스트레스는 크게 3가지 종류로 나눌 수 있습니다. 물리적 스트레스, 생리적 스트레스, 심리적 스트레스가 그것입니다.

물리적 스트레스는 추위나 더위, 온도, 소음 등에 의해 발생하는 스트레스입니다. 이것은 우리가 쉽게 피할 수 있고 우리 인체에 심각한 악영향을 주는 것은 아니지만 다른 스트레스와 결합할 경우 생명에 지장이 있을 수도 있습니다.

생리적 스트레스는 육체나 정신 건강이 나빠졌을 때 오는 스트레스로 병에 걸렸을 때나 육체적·정신적 피로가 있을 때, 심지어는 갈증이나 배고픔을 느낄 때도 발생하게 됩니다.

심리적 스트레스는 우리가 보통 '스트레스'라고 말하는 대부분의 것들을 말합니다. 학교나 직장, 가정, 인간관계에서 발생하는 고민, 불안, 좌절, 불만, 분노 등이 그것입니다.

스트레스의 종류를 더욱 세부적으로 나누면 셀 수도 없을 만큼 많은 것들이 스트레스라고 명명(命名)되고 있음을 알 수 있습니다. 결국 스트레스 없는 세상은 없다고 해도 과언이 아닐 것입니다. 또한 스트레스로 인한 질병 발생률이나 각계각층의 사람들이 스트레스에 얼마나 시달리고 있는지에 대한 연구 결과가 심심치 않게 쏟아져 나오고 있습니다.

　이쯤 되니 사회적 차원에서나 회사나 학교 차원에서 스트레스 관리 프로그램을 도입하는 경우가 많이 있는데, 무엇보다도 스스로가 자신의 정신 건강과 생활 습관, 시간 등을 관리하는 것이 가장 중요합니다.

　필자는 스트레스가 거의 없는 편인데, 왜 그런지 곰곰이 생각해보니 희망과 꿈을 향해 목표를 설정하고 작든 크든 매일 조금씩 이루는 삶을 살기 때문인 것 같습니다. 그러니 크기와 상관없이 하루하루 무엇인가를 성취하고 있는 것입니다.

　대부분의 스트레스는 무시받기 싫은데 무시받고, 사랑받고 싶은데 사랑받지 못하고, 부유하고 싶은데 가난하기 때문에 발생합니다. 결국 현실과 이상의 차이, 결코 메워지지 않을 것 같은 간극, 삶을 있는 그대로 받아들이고 인정하지 못함으로써 스트레스에 시달리게 되는 것입니다.

　각자의 삶이 어느 위치에 있든 나를 바로 보고 내 그릇을 인정한다면 길이 보이는 목표를 가질 수 있게 되고, 그에 따라 자신이 희망하는 삶을 살 수 있게 되지 않을까 싶습니다.

또한 스트레스가 나의 삶을 무너뜨린다고 생각할 것이 아니라 도약의 기회로 전환하려는 노력이 무엇보다 중요합니다. 어떠한 스트레스를 극복하고 내가 기존에 세워두었던 목표를 이루었을 때, 그것을 통해 성취감을 맛보면 나의 삶은 한층 발전할 수 있습니다. 단, 그때 설정하는 목표는 지나치게 높은 것이어서는 안 됩니다. 적절한 스트레스만이 삶에 긴장감을 주어 활력을 불어넣기 때문입니다.

이처럼 스트레스를 활력으로, 성취욕으로, 동기 유발의 원동력으로, 고난 극복의 디딤돌로 삼을 수 있도록 우리는 훈련해야 합니다. 스트레스를 잘 다루면 그것이 내 삶의 보물이 될 수도 있다는 것을 믿어보시기 바랍니다.

# 2. 무엇을 위해 미워하는가

여럿이 함께 모여 있는 자리에서는 아무리 화장실이 급해도 내 험담을 할까 봐 혼자서는 자리를 뜨지 못하겠다고 농담 삼아 볼멘소리를 하곤 합니다. 그렇게 누군가의 뒤에서 뒷말을 하는 것이 자연스러워진 것은 아닐까 싶어 한편으로는 씁쓸한 마음이 들기도 합니다.

"저 친구 이번에 차 바꾸면서 그렇게 잘난 척을 하더라? 괜히 주는 거 없이 미워."

"그 좋은 영어 유치원에 아들 어떻게 넣었나 몰라? 뭔가 수를 썼겠지?"

참으로 이상합니다. 남의 좋은 것, 잘된 것, 멋진 것이 곱게 보이지 않으니 말입니다. 곁에 있던 사람을 미워하고 험담하면 또다른 주변인들로부터 그 사람 역시 같은 일을 당하게 마련입니다. 그럼에도 불구하고 그 자리에 없는 사람 이야기를 하는 것이 습관이 되어 버린 사람들도 꽤 있습니다. 뒷말하는 것이 너무도 당연한 것처럼 말입니다.

욕하고 미워하는 말에는 독(毒)이 있습니다. 그 독은 말을 하는 자신에게도 악영향을 미치고, 함께 듣는 이들에게도 유쾌할 리가 없습니다.

'저렇게 멀쩡한 사람이 험담을 하네? 나에 대해서는 다른 사람들한테 뭐라고 할까? 저 사람 앞에서는 말조심해야겠다.'

내 입에서 터져 나온 독으로 인해 사람들은 멀어집니다. 나에게 진정으로 다가올 마음 자체가 생길 리 만무합니다. 그런 사람에게는 믿음이 가지 않고, 함께 있으면 오히려 불안하기까지 합니다. 결국 남의 험담하기를 좋아하는 사람은 친구를 잃고, 혼자 고립되기까지 합니다.

세상은 돌고 돕니다. 상대방을 위할 줄 알 때, 나 역시 높아질 수 있다는 사실을 알아야만 끊임없는 미움의 굴레에서 벗어날 수 있을 것입니다. 내가 누군가에게 상처를 주고, 미워하고, 험담을 하면 그것은 고스란히 나에게 돌아오게 되어 있습니다. 나 자신도 듣기 싫어하는 말, 나의 가족들이 듣지 않았으면 하는 말들은 남들에게도 하지 말아야 하는 것이 맞습니다.

'왕따 문제'는 어떻습니까? 윤리·도덕적으로, 혹은 인간관계에 미성숙한 어린 학생들만의 문제가 아닙니다. 교내 왕따 문제뿐만 아니라 직장 내, 군대 내, 이웃들 간의 왕따 문제는 이미 수년 전부터 사회적 문제로 대두되고 있습니다. 심지어 최근에는 학생들 사이에서는 사이버 상의 따돌림 즉, '사이버 불링(Cyber bullying)' 현상까지 두드러지고 있어 내 아이가 그것을 당하지는 않을까 싶어 학부모들이 노심초사(勞心焦思)하는 경우를 심심치 않게 볼 수 있습니다.

　직장인들 사이에서의 '왕따 문제'는 최근에 보도되기 시작했으나 그 시작점은 결코 최근이 아니었음을 짐작할 수 있습니다. 직장 내에서의 따돌림은 직장 상사의 주도에 의해 시작되곤 하는데, 그것은 거부하거나 피할 수 없는 수직적 권력 관계에 의한 것입니다. 그렇기 때문에 이미 오래전부터 그런 관계에 놓여 있는 많은 집단들 속에서 따돌림 문제가 있었을 것으로 충분히 예상할 수 있습니다.

　CBN뉴스의 김유림 기자는 「대기업 '사내 왕따' 위험수위… '이한빛법' 나올까?」라는 기사에서 한국거래소 왕따·성희롱 사건을 다루며 직장 내 왕따의 심각함을 알렸습니다.

　직장 내 왕따는 상하관계에 있는 이들 사이에서 일어나는 경우가 많기에 피해자가 함부로 저항할 수 없습니다. 그렇기 때문에 피해자들은 그 상황을 견디지 못하고 사표를 내거나 극단적인 선택을 하기도 합니다.

위의 기사에서 나온 한국거래소 왕따 사건의 피해자 역시 피해자가 극단적인 선택을 한 사건이지만, 기사에 따르면 가해자에 대한 처벌은 실질적으로 가해지지 않았다고 합니다. 이에 대한 이유로 왕따 사건의 피해자이자 결정적인 증인이 세상을 떠나 법적 책임을 묻기 어려울뿐더러, 회사 측은 왕따 사건이 있었다는 사실을 숨기기 급급했기 때문이라 다루고 있습니다.

이처럼 '왕따'라는 것은 아직 정신적으로 성숙하지 못한 아이들만의 문제가 아닙니다. 상하관계가 학교보다 더욱 뚜렷하기에, '직장 내 왕따' 문제는 아이들 사이에서 일어나는 '왕따' 문제만큼이나 심각한 문제입니다.

때문에 정부도 '왕따' 문제의 심각성을 알고 그 해결책을 모색하는 방법을 고심하고 있습니다.

한국일보의 정준호 기자가 쓴 「고용부, 직장 내 왕따 예시 등 담은 근절 권고안 만든다」란 기사에 따르면 고용노동부에서 '직장 내 왕따'에 대한 기준(개념과 유형)을 만들고, '직장 내 왕따'를 당한 근로자에 대한 법적 구제 장치를 만들 예정이라고 합니다.

또한 '직장 내 왕따'를 자행하거나 방치한 사업장과 사업주에 대한 특별근로감독을 실시하고, 그 결과 위반 사항이 발생했다면 해당 사업주가 처벌 받도록 할 방침이라고 합니다.

이렇게 사회 문제로까지 발전할 정도로 끊임없이 서로를 미워하고 모함하면서 남는 것은 무엇일까요? 왕따 문제는 결국 약자의 죽음만이 남는 서글픈 사회 현상이 아닐 수 없습니다. 약육강식(弱肉强食)의 세계이기에 어쩔 수 없는 일이라고 치부해 버리기에는, 약자가 치러야 할 대가가 너무도 끔찍스럽고 비인간적이기만 합니다.

'나'는 왕따입니까, 아니면 '나'는 왕따의 주동자입니까.

나를 살리기 위한 미움, 내가 높아지기 위한 따돌림이라면 당장 멈추십시오. 이 사회는 지금 잔뜩 독(毒)을 품고 있습니다. 앞서 말한 그러한 이유로 미움을 시작했고, 계속 미워하고 있다면, 그리고 진정으로 '나'를 사랑하는 사람이라면 감정 독소를 몸 밖으로 내보내기 위한 노력을 시작해야 합니다.

# 3. '나'는 왜 분노하는가

한 사람이 갖고 있는 생체 에너지는 긍정적이든 부정적이든 주변인에게 영향을 미치기 마련입니다. 크고 긍정적인 에너지를 가진 사람은 언제 어디에서나 긍정적인 분위기를 만들어가고 모든 상황을 자신에게 유리하도록 이끌어갈 수 있습니다.

이처럼 손만 댔다 하면 줄줄이 성공에 성공을 거듭하는 '미다스(Midas)의 손'이 있는가 하면, 뭘 하기만 했다 하면 줄줄이 망하거나 손해를 끼치는 '마이너스(Minus)의 손', '꽝 손', '똥 손'도 있습니다.

물론 후자들은 우스갯소리로 만들어 낸 말이기도 합니다.

사람들의 능력이나 영향력을 이렇게 극단적으로 구분 짓는 것은 무리가 있으나, 분명한 것은 긍정적인 오라(Aura)로 많은 사람들의 존경과 부러움을 받은 리더(Leader)가 있는가 하면 존재만으로도 주변인들을 모두 쫓아버리고 언제 '욱'하고 폭발할지 모르는 사람도 있다는 것입니다.

나는 어떤 사람인지, 내 주변에는 어떤 사람이 있는지 떠올려 보십시오.

"스승님, 제가 참으로 아끼는 죽마고우(竹馬故友)가 있습니다. 좋은 일이든 슬픈 일이든 늘 함께 하는 친구인데, 어쩐지 그 친구가 편하게 느껴지지만은 않습니다. 마음은 참 착한 친구인데요."

자기 비위에 맞지 않는 상황이 벌어지면 톡 쏘아붙이고, 예상하지 못한 상황에서 '욱'하고 화를 내기도 한다는 게 그 이유였습니다. 그래서 친구와 함께 있으면 긴장이 되기까지 한다고 털어놓았습니다.

필자와 함께 수련하는 수련생에게는 그의 모든 면을 인정하고 받아들여주라고 조언해 주었지만, 그 친구의 삶 속에 왜 그리 '화(火)'가 많아졌는지 원인을 생각해 보게 되었습니다. 비단 그 친구만의 문제가 아니기 때문입니다.

'화(火)'를 제대로 다스리지 못했을 경우 주변인들과의 관계를, 나아가서는 자신까지도 파괴할 수 있으며 범죄의 원인이 되기도 하기에 그저 꾹꾹 눌러 담아둘 일이 아니라는 것을 분명히 이야기하고 싶습니다.

'욱'에는 살기(殺氣)가 있습니다. 내 몸에서 독소(毒素)가 만들어져 그 기운이 상대방에게도 미치게 되어 있습니다. 누군가를 살짝 밀쳤을 뿐인데 어처구니없게 사람이 죽는 수도 있습니다. 마음에 품고 있는 독(毒)이라는 것이 그처럼 무서운 것입니다.

이처럼 사람을 죽을 수도 있게 만드는 독한 기운이니, 작게는 상대방의 감정을 상하게 하고 머리가 아프게도 만들 수도 있으며 소화기 장애를 불러일으킬 수도 있습니다.

"그 친구의 '욱'하는 것을 한 번 보고 나면, 하루 종일 기분이 나쁘고 원망스러운 마음도 듭니다. 그러면서도 내가 동네북인가 싶고, 나 아니면 누가 그런 걸 다 받아주나 싶기도 합니다."

이처럼 모두를 어렵게 합니다.

"누구는 뭐 성질 없나?"

"누구나 '버럭'하는 성격은 있지 않아요? 가만히 있으면 가마니로 아는 세상인데요, 뭘."

가만히 있으면 가마니로 알다니! 참. 이토록 날카로운 사람들이 사는 날 선 세상이 아닐 수가 없습니다.

"아! 그 사람이요. 내가 아는데요, O형이라 그래요. O형들이 뒤끝은 없는데 버럭하는 거 있잖아요."

또는 이처럼 근거 없는 혈액형 별 성격 이론을 목청 높여 이야기하는 사람들도 꽤 많습니다. 혈액형에 따라 성격이 다르다는 것은 전혀 과학적 근거가 없다는 수많은 연구 결과가 있음에도, 사람들의 천차만별(千差萬別) 성격을 단순히 구분 짓는 이론을 재미삼아 이야기하는 것이 아닌 맹신(盲信)해버리는 사람들이 아직도 있음은 놀라운 일이 아닐 수 없습니다.

어린 시절 가정 폭력이나 학교 폭력 등 불가항력적 경험이 트라우마가 된 경우도 많은데, 현재는 저항이 불가능한 어린이가 아님을 각인시켜 지금은 안전하다는 것을 인지하도록 지속적으로 훈련해야 합니다. 그런 아픔을 가진 이들을 위해 매일 1분씩 눈물을 흘리고, 주눅 들었던 어릴 때의 '나'를 회상하게 하고, 옳고 그름 등을 따지지 말고 사랑으로 안아주라 하고 있습니다.

옳고 그름을 따지면 분노만 더욱 키우게 됩니다. 현재의 고통은 억울함과 분함이 만들어 낸 자존감 붕괴와, 그로 인한 고정된 관념이 원인이라 생각하기 때문입니다.

사랑만이 유일한 답인데 그런 나 자신을 증오하니 다른 사람의 위로와 사랑 등이 무용지물(無用之物)이 되는 것입니다. 그러니 있는 그대로 나 자신을 사랑으로 감싸 안는 훈련을 하면 상처는 치유되며 피해의식도 사라지게 됩니다. 피해의식이 사라지게 되면 '욱'하는 공격적인 성향도 자연스레 없앨 수 있습니다.

'욱'하는 성격은 한의학에서 간경맥과 심경맥 문제로 봅니다. 이 경맥(모든 경맥은 마음의 통로임)에 지속적으로 쌓인 무시, 상처, 분노는 조절능력을 상실하게 만들고 순간 터져 나오는 폭력을 절제하지 못하게 만듭니다.

명상으로 분노조절 장애가 개선된다는 사실이 외국에선 과학적으로 검증되었다 알고 있습니다. 앞서 말씀드렸다시피 '욱'하는 기질은 부수고, 망가뜨리고, 고통이 따르기에 수련을 통해 다듬어야 합니다.

모나고 날카로운 성격이라도 그 또한 자신의 모습이기에 그것을 버릴 수는 없습니다. 그것도 내가 안아야 하는 내 모습인 것입니다. 다만 그것을 나 스스로가 품속에 안아주어야 하기에 갈고 다듬어 보드랍게 만들 필요는 분명히 있습니다.

'나' 자신을 위해서 말입니다.

# 4. '나'는 무엇에 빠져 있는가

### 알코올 중독

현대인들의 삶이 참으로 걱정스러울 때가 많습니다. 삶이 자기 뜻대로 되지 않아 허탈감은 커지고, 자존감은 바닥을 치니 무엇인가 자극이 될 만한 것을 자꾸만 찾게 되는 것 같습니다.

사람들은 더 큰 쾌락을 좇고 자꾸만 찾아 헤맵니다. 알코올 중독, 스마트폰 중독, 게임 중독, 쇼핑 중독, SNS 중독, 약물 중독 등 더 다양한 '중독'이 생겨나고 있고, 무엇인가에 빠져 일상생활까지 제대로 돌보지 못하는 사람들이 점차 늘고 있습니다. 심지어 중독에 빠지는 사람들의 연령이 점차 낮아지고 있다는 것이 큰 문제이기도 합니다.

알고 보면 '중독'되지 않은 사람을 찾기가 더 힘들 것 같습니다. 알코올 중독만 해도 그렇습니다.

"나는 술을 즐길 뿐이야. 취하도록 마시는 사람이 중독 아니야?"

**- 알코올 사용 장애 진단 기준 -**

※ 12개월 동안 다음에 11가지 항목 중 2가지 이상에 해당될 때를 말한다.

1. 내성: 흥분이나 원하는 효과를 얻기 위해 주량이 늘어나는 경우

2. 금단: 자율신경계 항진(빈맥, 발한, 혈압상승), 손 떨림, 불면, 오심, 구토, 환각 또는 착각, 정신운동 초조 불안, 대발작

3. 조절의 어려움

4. 집착: 술을 구하기 위해 먼 거리를 찾아가거나, 취한 상태를 유지하기 위해 지속적으로 마심

5. 관계, 직업, 학습 기능, 기회 상실

6. 부정적 결과에도 지속적 사용: 친구와의 언쟁, 부부싸움, 취중폭력 등 발생. 체포, 교통사고 등 법적인 문제 발생, 신체적 또는 정신적 문제 발생

7. 여가, 취미 활동에의 흥미 감소

8. 갈망: 알코올을 사용하고자 하는 욕구

9. 의도했던 것보다 더 많이 사용

10. 위험한 상황에서 반복되는 사용: 음주운전, 기계작동 등

11. 주요 의무나 역할수행의 실패: 결근, 근무 태만, 퇴학, 가사 소홀 등

[부천시 정신건강증진센터]

테스트 결과를 보고 많은 사람들은 의아해 합니다. 자신이 이미 중독 상태에 있다는 것, 위험한 수준에 빠져있다는 것을 보고도 믿으려 하지 않습니다. '나'는 과하지 않게 마신다는 기준은 누구의 기준입니까? 술에 대한 절제력을 이미 잃어버린 자신에게 너무나도 후한 기준을 적용하는 것은, 앞으로도 더 심한 중독에 빠질 수도 있음을 의미합니다.

전 세계적으로 보았을 때 한국인의 1인당 술 소비량은 평균을 훨씬 웃돌고 있으며, 2016년에 비해 술 소비량이 줄어들었다고는 하나 음주 인구가 늘어나고 있다는 것은 걱정스러운 일이 아닐 수 없습니다.

즐거운 술자리는 일상의 피로와 스트레스를 풀어주는 좋은 방법이 될 수도 있습니다만, 적정한 선을 지킬 줄 모르는 사람들에 의한 주취폭력, 음주운전 등 사회 질서를 어지럽히는 사건들이 너무도 빈번하게 일어나고 있는 것은 커다란 문제가 아닐 수 없습니다. 게다가 음주운전으로 한 번 적발되었던 사람은 또다시 같은 잘못을 반복하는 경우가 빈번하다고 하니, 음주운전도 습관화 되는 것이라 생각합니다.

왜 우리는 술에 빠져들게 되었고, 절제하지 못하게 되었을까요? 나와 가족 모두가 건강한 음주 문화를 즐기고 있다면 걱정할 것이 없겠지만, 주변인 중 누구 하나라도 '중독자'라 불릴 만한 사람이 있다면 언제나 근심스러울 수밖에 없을 것입니다.

## 스마트폰 중독

"스마트폰이 없던 시절은 상상도 할 수가 없어. 이미 우리 생활에 있어서 필수품이 된 지 오래인데, 이걸 어떻게 포기할 수가 있겠어?"

지하철이나 버스 안, 그리고 길거리의 많은 사람들, 심지어 운전자까지 스마트폰을 손에서 놓지 못하고 있는 모습을 너무 흔하게 볼 수 있습니다. 스마트폰 안에는 다양한 컨텐츠가 존재하고, 끊임없는 소통의 매체이기도 하기 때문에 사용 시간이나 빈도(頻度)에 대해서 다루는 것은 의미가 없을 정도가 되어 버렸습니다.

어찌나 그것에 빠져 있는 사람이 많은지 길에서 사람과 사람이 부딪치고, 교통사고가 발생하고, 스마트폰 장시간 사용으로 인한 질병이 생겨나기도 했습니다. 사람과 사람이 만나서 대화도 제대로 할 수가 없습니다. 가족 혹은 연인, 친구들끼리 식사를 하는 자리에서도 각자의 스마트

폰에서 눈을 떼지 못합니다.

자신이 그런 모습으로 앉아 있다는 것은 잘 모르더라도, 잠시 고개를 들고 주변을 둘러보면 대다수의 사람들이 스마트폰에 몰두하고 있음을 알 수 있습니다. 대형 배터리까지 완벽히 충전되어 있어야 마음이 놓이고, 어느 장소에 가든 충전기를 꽂을 자리를 찾고, 중독이 중독인 줄도 모르고 잠들기 직전까지 스마트폰을 손에서 내려놓지 않는 사람, 바로 자신이라고 생각되는 분들이 꽤 많을 것입니다.

### - 스마트폰 중독 테스트 -

* 보기 내용 중 7가지 이상 해당된다면 고 위험군으로 주의를 요합니다.

1. 지나친 사용으로 학교성적이나 업무능률이 떨어진다.
2. 스마트폰을 사용하지 못하면 온 세상을 잃을 것 같은 생각이 든다.
3. 스마트폰을 사용할 때 '그만해야지.'라고 생각은 하면서도 계속한다.
4. 스마트폰이 없으면 불안하다.
5. 수시로 스마트폰을 사용하다가 지적을 받은 적이 있다.
6. 가족이나 친구들과 함께 있는 것보다 스마트폰을 사용하고 있는 것이 더 즐겁다.
7. 스마트폰 사용시간을 줄이려고 해보았지만 실패한다.
8. 스마트폰을 사용할 수 없게 된다면 견디기 힘들 것이다.
9. 스마트폰을 너무 자주 또는 오래 한다고 가족이나 친구들로부터 불평을 들은 적이 있다.
10. 스마트폰 사용에 많은 시간을 보낸다.
11. 스마트폰이 옆에 없으면, 하루 종일 일(또는 공부)이 손에 안 잡힌다.
12. 스마트폰을 사용하느라 지금 하고 있는 일(공부)에 집중이 안 된 적이 있다.
13. 스마트폰 사용에 많은 시간을 보내는 것이 습관화되었다.

## 온라인 게임중독

알코올과 스마트폰뿐만 아니라 '온라인 게임 중독' 문제도 이미 오래전부터 심각한 수준에 빠져있습니다. 일상생활, 직업 활동, 일상적인 소통 등을 모두 져버린 채 게임에 미쳐 살다가 현실과 가상현실을 구분하지 못해 끔찍한 범죄를 저지르기도 합니다. 또한 그토록 위험한 지경에 이르기 전에 병원 신세를 지는 사람들도 왕왕 있습니다.

과연 프로게이머의 세계와 게임 중독자의 세계는 어떻게 다른 것일까요? 나도 모르는 사이에 게임에 빠져들고 있다면 직업으로 게임을 하는 사람들의 모습과 나 자신의 모습을 냉철하게 비교해 볼 필요가 있습니다.

### - 온라인 게임 중독 테스트 -

* 보기 내용 중 12가지 이상 해당된다면 고 위험군으로 주의를 요합니다.

1. 게임을 하는 것이 친한 친구들과 어울리는 것보다 더 좋다.

2. 게임공간에서의 생활이 실제 생활보다 더 좋다.

3. 게임 속의 내가 실제의 나보다 더 좋다.

4. 게임에서 사귄 친구들이 실제 친구들보다 나를 더 알아준다.

5. 게임에서 사람을 사귀는 것이 더 편하고 자신 있다.

6. 밤늦게까지 게임을 하느라 시간 가는 줄 모른다.

7. 게임을 하느라 해야 할 일을 못한다.

8. 갈수록 게임을 하는 시간이 길어진다.

9. 점점 더 오랜 시간 게임을 해야 만족하게 된다.

10. 게임을 그만두어야 하는 경우에도 게임을 그만두는 것이 어렵다.

11. 게임 하는 시간을 줄이려고 노력하지만 실패한다.

12. 게임을 안 하겠다고 마음먹고도 다시 게임을 하게 된다.

13. 게임 생각 때문에 공부에 집중하기 어렵다.

14. 게임을 못 한다는 것은 견디기 힘든 일이다.

15. 게임을 하지 않을 때에도 게임 생각을 하게 된다.

16. 게임으로 인해 생활에 문제가 생기더라도 게임을 해야 한다.

17. 게임을 하지 못하면 불안하고 초조하다.

18. 다른 일 때문에 게임을 못 하게 될까 봐 걱정된다.

19. 누가 게임을 못 하게 하면 신경질이 난다.

20. 게임을 못 하게 되면 화가 난다.

앞서 제시한 진단 기준이나 자가진단 테스트는 간략하게 점검해 볼 수 있는 하나의 도구입니다. 각 사이트에서 직접 테스트해 봄으로써 대략적인 자신의 상태를 점검할 수 있으며, 사람마다 다른 결과가 나올 것입니다. 이를 통해 이상을 느낀 독자들이라면 좀 더 적극적인 방법으로 문제를 고쳐나갈 수 있는 방법을 찾아보셔야 할 것입니다.

집착과 중독은 채워지지 않는 마음, 우울함 또는 불안함 등에서 억지로 벗어나려는 몸부림과 같은 마음의 갈증에서 비롯됩니다. 우리는 우울하면 우울함에서 벗어나려 하고, 불안하면 불안함을 떨쳐버리려고만 합니다. 다른 무엇인가를 통해 벗어나려 하는 집착적인 행동이 중독 수준으로까지 발전하는 것입니다. 다른 것에 홀딱 빠져 있으면 벗어나고자 했던 감정이 잠시라도 사라지는 듯 느껴지기 때문입니다.

우울하면 그 우울함을 벗어나려 하기보다는 우울함 자체를 사랑으로 안아주고 있는 그대로를 보고 받아들여야 치유됩니다. 공황장애를 앓는 사람들 중에는 불안감을 떨치기 위해 과음을 하는 경우가 많은데 그러다 알코올 중독에 쉬이 빠지게 되기도 합니다. 병은 치유되지 않고 미봉책(彌縫策)으로 자신만의 해결책을 만들어, 나중에는 근본적인 병보다는 해결책으로 썼던 방법 때문에 더욱 고통을 받게 되고 치유가 불가능한 상태로까지 빠지게 됩니다.

불안함과 우울함이 술을 부르는 듯 보이기도 합니다. 그것도 과음을 하게 되니 불안으로 억눌려있던 욕망이 잘못된 이성관계(異性關係)도 끌어들이게 되지만, 그 순간만큼은 술과 이성(異性)이 우울과 불안을 조금이나마 해소해주는 것처럼 느껴집니다. 그 결과 단순한 우울과 불안까지 핑계 삼아 자신과 타협하고 '나' 자신의 도덕성까지 버려가며 같은 생활을 반복하다가 결국 돌이킬 수 없는 악마가 된 자신을 발견하게 됩니다.

중독이란 이처럼 무서운 것입니다. 향정신성 약물중독도 사람을 미치게 만들지만, 마음의 문제도 만만치 않습니다. 약쟁이가 약 외에는 아무것도 생각할 수 없듯 마음의 문제도 커지면 그와 같습니다.

사랑받고 싶은 욕망은 누구나 있습니다. 하지만 그 욕망은 충족될 수 없습니다. 약물에 끝도 없이 빠져드는 것과 마찬가지입니다. 실체가 없는 것을 꿈꾸고 있기에 더욱 그러합니다.

어떤 사람은 사랑받기 위해 자신이 아닌 모습으로 연기를 하고 상대가 좋아하는 사람으로 나를 맞추고 만들어 나갑니다. 상대가 그런 나를 사랑하게 되었다면 상대는 '나'가 아닌 내가 만들어 버린 '나(무엇)'를 사랑하게 되는 것입니다. 세월이 흘러 상대가 허상을 사랑한 것임을 깨닫게 된다면 깊은 실망감을 느끼게 되고, 이로 인한 이별은 당연한 것입니다.

우리는 다들 과한 욕심을 부리며 살고 있습니다. 자신은 정직하지 않으면서 상대는 정직하길 바라고, 자신은 빚이 많은데 상대는 자산이 많을 경우 내 빚까지 안아 주기를 기대하며, 자신은 소심하면서 상대는 바다와 같은 넓은 가슴을 가져야 한다고 생각합니다. 결국 상대방의 일방적 희생을 바라고 있는 것입니다.

그리고 상대의 희생을 '사랑'이라 착각하고 꿈꾸는 분들이 아주 많습니다. 저는 수련원을 찾는 회원들에게 '사랑받고 싶다'는 생각 자체를 버리라고 가르치고 있습니다. 상대가 어떻든 관계없이 있는 그대로를 인정하고, 사랑받을 생각은 말고 사랑을 주라고만 가르치고 있습니다. 이것만이 스스로를 지키고 언제나 행복할 수 있게 만드는 유일한 방법이기 때문입니다.

중독의 원인을 차단하거나 심각한 상태의 중독에서 빠져나오는 데에 수련은 큰 도움이 됩니다. 중독의 대부분은 마음의 상처로부터 출발하기 때문입니다. 무엇인가에 중독되지 않기 위해서, 혹은 중독에서 빠져나오기 위해서 생활습관부터 바로 하고자 하는 노력을 해야만 합니다.

첫째는 물 섭취량을 늘려야 하고,
둘째는 밤 12시 이전에 잠자는 습관부터 가져야 합니다.

중독은 자율신경계를 엉망으로 만들기 때문에 이 두 가지를 실천하는 것이 매우 중요합니다. 이것을 실천하면서 부록 CD를 이용한 명상 훈련, 그리고 고통스럽더라도 중독(우울증, 불안증, 마음의 갈증 포함)을 제3자의 입장에서 그냥 내버려 두듯 관망(觀望)해 보는 훈련을 통해 극복할 수 있고, 수많은 분들이 이와 같은 방법을 통해 치유되었습니다.

불안하면 불안한 대로 슬프면 슬픈 대로 '나'의 안에서 일어나는 감정 현상을 그냥 그대로 내버려 둘 때, 그 고통과 함께 존재하는 무엇(참된 나, 진아(眞我), 빛)이 있음을 알게 됩니다. 이 무엇에 집중할 때 참된 평화와 깨달음의 순간을 경험하게 되고, 각종 중독과 마음의 문제가 이때 해결됩니다.

물론 우울증과 공황장애 등 위험한 단계까지 목숨 걸고 견디라는 것은 아닙니다. 버텨볼 수 있는 데까지는 약을 최소화하고, 욕망의 헛된 짓도 자제하며 제시한 훈련과 더불어 견뎌 보라는 것입니다.

참된 깨달음이 드러나기 전에 우리는 그 고통으로부터 벗어나기 위해 발버둥치게 되어 약에 의존하거나 허망한 기쁨을 찾아 채우려는 생활로 다시 돌아가게 됩니다. 저는 마음의 아픔을 겪고 있는 수련생들에게 더 이상은 스스로를 미친 사람으로 내몰지 말라 가르치고 있습니다.

# 5. 열등감:
# '나'를 사랑하지 못하는 사람들

우울증과 관련한 이야기를 하면서 남과 비교하는 '나', 남과 비교해 자꾸만 초라함을 느끼는 '나'에 대한 이야기를 했습니다. 지금부터는 그러한 '열등감'의 실체에 대해 좀 더 살펴보도록 하겠습니다.

열등감은 '분별심'에서 옵니다. 사람과 사람으로 둘러싸여, 사람과의 관계를 필연적으로 맺고 사는 우리는 자신을 기준으로 좋은 것과 나쁜 것, 하고 싶은 것과 하기 싫은 것, 진실과 거짓 등을 끊임없이 나누고 있습니다. 그것에 어찌나 익숙한지 스스로도 인지하지 못하는 사이에 자꾸만 무언가를 나누고 있습니다. 그리고는 확신을 갖습니다.

무엇이 옳은 것이고, 무엇이 그른 것입니까? '나'라는 개인도 타인의 경험과 시각에 따라 어떤 이는 좋은 사람이라 말하고, 어떤 이는 그냥 그런 사람이라 말하며, 어떤 이는 친절하고 베푸는 사람이라 말하고, 또 어떤 이는 냉정한 사람이라 말하기도 합니다. 각각의 인연에 따라 천차만별의 '나'가 분별되어 존재하는 것입니다. '나'는 그냥 '나'인데 말입니다.

이처럼 인연에 따라 '나'가 분별 되었듯 세상과 상대도 내가 만든 분별

속에 존재하기에 행복할 수 없었던 것입니다. 존재는 무엇이라 단정할 수 없는, 있는 그대로의 존재 그 자체입니다. 그래서 아름답고 둘도 없이 소중한 무엇이 되는 것입니다. 분별심을 비운만큼 진실을 보게 된다 생각됩니다.

각 나라마다, 민족마다 법이 다르고 관습이 다른 것을 보고도 옳고 그름을 정확히 나눌 수 있겠습니까?

분별심을 버리기 위해서는 긍정과 부정, 옳고 그름, 좋고 나쁨 등은 본래 존재하지 않는다는 사실을 받아들일 수 있어야 합니다. 그것은 지극히 개인적인 것입니다. 우리는 마음이 가는 곳을 향해 맹목적으로 끌려갑니다. 한마디로 무언가에 꽂히면 다른 것은 보이지 않습니다. 존재하는 모든 것이 분별없이 다 옳습니다만(자연계의 엄연) 자꾸만 나누어 허황된 것을 좇는 것이 문제입니다. 모든 존재와 현실은 분별할 수 없음을 깨닫지 못한 채 정신없이 따라가다 보면 결국 바닥을 알 수 없는 공허함

만이 남게 됩니다. 그리고 결국 얻고자 하는 것은 더 높은 곳에 있다 생각하여 또다시 빈 것을 향해 맹목적인 추격이 시작됩니다.

나만의 기준으로 좋다고 생각한 것, 옳다고 생각한 것, 훌륭하다고 여긴 것은 결국 내 손에 쥘 수 없습니다. 그런 기준 자체가 존재하지 않기 때문입니다.

모든 존재는 그 자체로 옳습니다. 이 세상에는 단 한 사람도 같은 사람이 없습니다. 그 말은 한 사람, 한 사람이 모두 완벽한 존재임을 의미합니다. 그런데 우리는 보통 자신에게 없는, 남이 가지고 있는 모습들을 쫓으며 괴로워합니다. 결여된 부분에 집중하면 상처를 받게 되고, 결여되었다 여기는 부분이 내 인생 전체를 날려버릴 수도 있습니다. 갖지 못한 것이 갖고 싶어 안달이 나고, 그 때문에 상처를 받는 것은 모두 욕심이 원인입니다.

최근 SNS의 발달로 수많은 사람들이 자신의 근황과 사생활 및 관심사를 드러내고 타인과 소통하고 있습니다. '좋아요'나 '하트' 등을 누름으로써 상대가 올린 사진이나 글에 대해 지지하고 동의한다는 표현을 하기도 합니다. 자신의 일상을 일기장이 아닌 곳에 기록을 하며 지난 시간을 추억하기도 하고 정보를 공유하기도 하는 등 건전한 목적으로 시작한 SNS지만, 누군가에게는 스트레스와 열등감 폭발의 장이 되기도 합니다.

이것 역시 '분별심'이 그 원인입니다. 나와 SNS 친구 중 누가 더 잘 살고 누가 더 행복한가는 대체 누가 결정하는 것입니까? 곰곰이 생각해 보시기를 바랍니다. SNS에 자신의 가장 안 좋은 모습을 골라 올리는 사람이 있습니까?

'나는 이 정도 고급스러운 레스토랑에서 밥을 먹었다.'

'나는 이번 여행에서 초호화 호텔에 묵었다.'

'나는 고급 수입차를 타고, 수천만 원짜리 시계를 수집하는 사람이다.'

'나는 이번에 아무나 살 수 없는 한정판 명품 가방을 구입했다.'

'나는 인테리어가 완벽한 대형 평수 아파트에 살고 있다.'

본인의 판단으로 남들에게 자랑하고 싶은, 보여주고 싶은, 우월하다고 여기는 내용들을 사진과 함께 SNS에 올리는 사람들이 대부분입니다.

이처럼 알게 모르게 SNS 친구들 사이에서도 경쟁이 몹시 치열합니다. 왜 그렇게까지 보여주고 싶어하는 것입니까? 정말 행복하기 때문에 자랑하고 싶고, 보여주고 싶어하는 것일까요? 내 안이 만족감으로 가득 차 있다면 내가 행복하고 이렇게나 잘 살고 있음을 굳이 드러내야 할 필요가 없습니다.

채우고 채워도 채워지지 않는 허전함, 누군가의 부러움과 인정을 받아야만 조금은 안심이 되는 속이 텅 빈 가짜 행복. 그런 공허(空虛)가 과연 언젠가는 채워질까요? 반대로 자랑할 만한 것이 더 이상 없어진다면 그때는 어떻게 해야 하는 것일까요? 나보다 더 잘나 보이는 누군가가 등장한다면 그날부터는 행복하지 않은 것일까요? 분별심을 가지고 행복의 기준을 만들고, 그것에 '나'를 가둔 채 채찍질하는 것만큼 불행한 것은 또 없을 것입니다.

내가 있기 때문에 세상이 있습니까? 세상이 있기 때문에 내가 있습니까? 내가 죽으면 세상은 있는 것입니까?

답은 간단합니다.

'내가 있기 때문에 세상이 존재하는 것입니다.'

'내가 없으면 세상도 없습니다.'

세상의 중심에 '나'가 있습니다. 모든 감정의 중심에도 '나'가 있습니다. 그 누구도 높거나 낮지 않습니다.

# 6. 마음의 감기, 우울증

내일이면 곧 죽을 것만 같은 표정으로, 그래도 어떻게 도이원과 인연이 닿아 찾아오시는 분들이 꽤 있습니다.

수면장애와 우울증, 공황장애 등을 진단받으신 환자분들도 있고, 정신이 맑지 않고 편안하지 못해 우리 수련원으로 발걸음을 하시는 분들도 있습니다.

"아침에 눈 뜨자마자 회사에 나가 야근을 밥 먹듯이 합니다. 자정이 다 되어서야 집에 들어오면 바로 잠자기 바쁘죠. 제 삶이란 것을 잃은 지 오래예요. 집-회사만 오가다가 미쳐서 입원하고 회사에서는 해고됐다는 다른 팀 직원 이야기가 남 일 같지 않네요. 누구를 위해 사는 것인지, 누구를 위해 돈을 버는지 알 수가 없습니다. 정말 나는 누구일까요? 저는 괜찮은 대학 나온 고급 노예일 뿐인 것 같아요."

"나보다 못 생기고, 공부도 못했던 친한 친구가 돈 많은 집 남자를 만나 결혼하고는 변했어요. SNS에 올라오는 글이나 사진을 보면 나는 지금껏 뭐하고 살았나 싶고, 내 인생이 개차반 같아서 너무나 화가 납니다. 괜히 남편만 보면 더욱 짜증이 솟구쳐 올랐다가도, 어떤 의욕도 생기지 않아 하루 종일 집에만 있는 경우가 많아요."

끝없는 경쟁, 남보다 높은 스펙, 지치지 않는 체력까지 요구하는 시대에 살아가는 현대인들의 마음 상태는 그야말로 만신창이인 경우가 많습니다. 그리고 위태롭습니다. 브레이크가 고장 난 폭주 기관차와도 같습니다. 우리나라 인구의 5~10%는 일생 동안 한 번 이상의 우울증을 겪는다는 통계도 있습니다.

게다가 직종에 따라, 각자의 환경에 따라, 혹은 연령에 따라 우울증을 앓는 환자의 수도 점차 늘어나고 있고 감기처럼 가볍게 지나가는 우울증을 겪는 환자부터 자살까지 생각하게 되는 심각한 우울증을 겪는 환자까지 전체적인 우울증 환자가 많아지고 있습니다. 이처럼 '마음의 감기'가 찾아왔을 때 재빨리 자신의 상태를 파악하고 스스로를 다독일 시간을 가져야만 할 것을 필자는 강조하고 싶습니다.

노년층의 우울증, 산후 우울증, 계절성 우울증 등 우울증도 다양하지만 여기에서는 현대 사회를 살아가는 사람들의 일반적인 우울증에 대해 이야기해 보도록 하겠습니다.

우울증이 심각한 사회적 질병이 되었음에도 아직까지 우울증에 대해 잘 모르고 있는 사람들이 너무나 많습니다. 그 때문에 섣부른 충고로 상대방의 마음을 더 헤집어 놓기도 합니다.

"너는 매사에 왜 그렇게 의욕이 없니?"

"밖에 나가서 운동이라도 좀 해."

등과 같이 그 어떤 도움도 되지 않는 말들은 우울증을 앓고 있는 사람들에게 더 큰 상처를 줍니다.

"그저 우울한 마음이 드는 것이 우울증이 아니에요. 아침에 눈을 뜨는 것부터가 고통입니다. 땅속 깊은 곳에 온몸이 파묻혀 있는 느낌이에요. 끊임없이 바닥이 나를 잡아끄는 것 같아요. 몸을 일으켜서 무엇인가를 해야겠다는 생각 자체를 할 수가 없어요. 물론 누군가를 만나서 이야기를 나누는 것도 하고 싶은 마음이 전혀 들지 않죠."

우울증 환자의 경우 지구의 중력을 온몸으로 느끼는 것만 같다고 합니다. '몸이 무겁다, 머리가 무겁다' 정도로는 설명할 수 없습니다. '마음의 감기'를 지독하게 앓고 있는 사람에게 함부로 충고하는 것은, 팔다리를 잃은 사람에게 일어나 뛰어가라고 하는 것과 다르지 않습니다.

간혹 우울한 감정이 드는 것은 자연스러운 현상입니다. 하지만 그것과 우울증은 별개의 것이라 생각해도 무관합니다.

"내 감정을 어떻게 해야 할지 모르겠습니다. 시도 때도 없이 흐르는 눈물의 이유도 모르겠어요. 깊이 잠들 수 없는 밤이 이어집니다. 땅속에 매장된 상태로 지새우는 것 같아 밤이면 숨조차 쉬기가 힘이 듭니다. 그런 상태로 잠을 잘 수 없는 것은 당연한 것이지요. 언제까지나 이럴까, 언제쯤 죽게 될까, 그러면 편안해질까… 죽음에 대한 생각이 점점 깊어집니다."

왜 이토록 현대인들은 우울해지게 되었을까요? 문제는 나에게 있는 것일까요, 환경에 있는 것일까요? 해결책은 어디에서 찾아야 하는 것일까요? 수많은 질문들이 떠오르고, 어디서부터 우울증 문제를 풀어나가야 할지 답답하기만 하다고 생각하고 있을지 모르겠습니다.

필자는 독자 여러분에게 묻고 싶습니다.

**세상에서 누구를 가장 사랑합니까?**

누군가는 부모님을 또 누군가는 배우자를 떠올릴 것입니다. 자녀들의 얼굴을 떠올리는 분들도 있을 겁니다. 하지만 우리는 누구나 '자기 자신'을 가장 사랑하고 있습니다. 그럼에도 불구하고 잠시 그것을 잊고 끊임없이 타인과 나를 비교하고, 자신을 못난이로 만들고 있습니다. 내가 남보다 못났다고 생각하거나, 잘났다고 판단하는 기준은 어디서부터 나오는 것입니까?

"저 친구는 대학 동창인데, 연봉이 **나보다** 훨씬 높아. 승진도 고속으로 하게 되겠지?"

"**나보다** 늦게 시작했는데, 영어 점수가 어쩜 저렇게 높게 나오지? 따로 과외라도 받나? 아… 도대체 나는 왜 이래."

"쟤는 **나보다** 못 살았는데, 언제 저렇게 돈을 많이 벌었대? 어휴! 우리 남편은 뭐 하는 거야?"

'나보다' 잘 나가는 친구가 있다는 것이 그렇게 못 견딜만한 일인 것일까요? 주변에 실력이 일취월장(日就月將) 해 나가는 사람이 있다는 것, 큰 부자가 된 사람이 있다는 것, 실력을 인정받는 사람이 있다는 것이 나를 초라하고 작게 만드는 것입니까?

내 주변에 뛰어난 사람이 있다는 것은, 나 역시 그만큼 괜찮은 사람이라는 말입니다. 주변인의 발전은 함께 기뻐해줘야 할 일이 맞습니다.

"선생님, 저는 가족들 때문에 살 수가 없어요. 집안이 하루도 조용할 날이 없어요."

"자식들 때문에 속 썩는 일만 가득합니다. 하루하루가 지옥이에요."

"남편이 바람을 피웁니다. 저는 여자도, 사람도 아닌 것만 같습니다."

누군가와 비교를 하면서 주변 상황들에 의해 감정이 바닥까지 추락하고 깊은 우울증에 빠지는 경우, '나' 자신에게 집중해 볼 것을 권하고 싶습니다. '나'를 사랑하지 않는 사람은 누구를 사랑할 수도, 누군가로부터 사랑을 받을 수도 없습니다.

물론 정신적 문제의 진단을 받고 상담과 약물로 치료를 받고 있는 사람이라면 더 이상 병원에 오지 않아도 된다는 진단을 받을 때까지 섣불리 치료를 그만두어서는 안 됩니다. 필자가 강조하고 싶은 것은 삶 속에서 '나'를 대하는 태도, 그리고 우울증을 이겨내기 위한 명상입니다. 평소에 실천할 수 있는 명상법에 대해서는 뒤에서 다루겠지만, 세상에서 가장 사랑하는 '나' 자신을 진정으로 아끼고, 돌보고, 치유하는 것부터가 시작입니다.

그토록 사랑스러운 '나'를 상처받고, 찢기고, 비교 당하고, 아프도록 내버려 두지 마십시오. '나'를 사랑하는 것에서부터 이 세상을 살아갈 수 있는 에너지 생산이 시작됩니다. 이 세상에 유일한 '나'의 편이 있다면 그것은 누구일까요?

바로 **'당신'** 자신입니다.

# 7. 영가(靈駕) 장애

"저는 보통 사람들보다 직감(直感)이 잘 들어맞습니다."

"저는 무서울 정도로 꿈이 잘 맞고, 나도 모르게 사람들에게 무언가 말을 해 주게 될 때가 있습니다."

"무당을 찾아갔더니, 영(靈)이 씌었다고 굿을 하지 않으면 무당이 될 팔자라고 해요."

각자의 종교에 따라 사람들은 사후(死後)세계에 대해 믿기도 하고, 그렇지 않기도 합니다. 또한 전생(前生)과 내생(來生)에 대한 이야기를 허무맹랑한 것으로 받아들일 수도 있습니다. 그뿐만 아니라 영(靈)의 존재에 대해 깊이 믿는 사람이 있는가 하면 공포를 조장하는 이야기라 생각하는 사람도 있습니다.

그런 종교마다 각각의 퇴마 의식이 있습니다. '엑소시스트'라든가 '검은 사제들과 같은 영화를 보신 분들이라면 쉽게 이해하실 수 있을 겁니다. 필자는 10여 년 전, 강연 도중 악한 영(靈)에 꽁꽁 묶인 사람에게 퇴마 의식을 해준 이후로 빙의(憑依)로 고통을 받는 이에게 부탁받아 퇴마 수련을 종종 지도한 적이 있습니다. 빙의가 된 이는 일상생활이 불편할 정도로 힘든 경험들을 하게 됩니다. 그것을 '영가(靈駕) 장애'라고 합니다.

잠을 이루지 못할 정도로 환청이 들리거나, 눈앞으로 무엇인가 달려드는 느낌을 받거나 사람의 모습을 한 영(靈)을 보기도 합니다. 또한 영가 장애는 우울증이나 공황장애와 같은 증상으로 나타나기도 합니다. 정신과적 진단으로는 '조현병'으로 볼 수 있겠습니다만, 필자와 같이 오랜 세월 명상과 수련을 해 온 사람은 빙의령을 보거나 느낄 수 있습니다.

'영가(靈駕) 장애'를 가진 이는 수련에서 매우 특이한 모습(동작)을 보이기도 합니다. '자발공'이란 명상과 수련에 최적화된 상태를 만들기 위해 스스로 몸을 정화하고 개혈하는 잠재의식의 발현을 의미하는데, 이를 '자가치유 체조'라고도 말합니다. 보통의 사람들은 자발공 수련에서 몸을 앞뒤로, 혹은 좌우로 천천히 움직이게 되는데 영가(靈駕) 장애를 가진 이는 날뛰거나 몸부림을 치고 미친 사람처럼 춤을 추기도 합니다. 대부분은 본인의 어둠이 스스로 만든 또 다른 '나'(부분적 이중인격)이지만, 진짜로 빙의된 사람들도 꽤 있었습니다. 그것은 본인이 느낄 수도 있고, 모르고 지나갈 수도 있습니다.

보통의 사람들은 영화나 각자의 종교 활동, 혹은 여러 가지 상황 속에서 접한 적이 있을 영(靈)과 퇴마 의식 등에 대해 막연한 두려움을 가지고 있습니다. 그리고 필자의 경험담을 몇 가지 소개하면 실제로 빙의령이 그렇게나 많을까 하는 의구심이 들 수도 있을 것입니다.

하지만 크게 무서워하거나 걱정할 필요는 없습니다. 왜냐하면 세상에 흔하게 돌아다니는 영(靈)들은 본인의 의지와 수련만으로도 충분히 제거되기 때문입니다.

빙의령을 물리쳐 줄 것을 영격이 높은 사람을 찾아가 부탁하는 경우도 있는데, 자신의 영격이 높아지지 않으면 빙의(憑依) 현상은 또다시 반복될 수밖에 없습니다. 따라서 영가(靈駕) 장애를 앓는 사람이라면 퇴마사의 퇴마보다는 꾸준한 수련을 통해 자신의 정신과 마음을 더욱 단단하게 만들어 스스로 물러나게 해야만 합니다.

"나는 반드시 성공한다!"

라는 메시지를 지속적으로 스스로에게 암시를 주듯,

"나는 빙의령 따위에 절대 휘둘리지 않는다!"

라는 다부진 생각을 늘 가지고 있어야 합니다. 또한 무속인은 아니나 영(靈)이 들락날락하는 것을 바로 느끼는 사람들의 경우, 자신에게 들어온 영(靈)의 존재를 무시하고 모르는 척하는 것도 스스로 하는 빙의령 퇴치의 좋은 방법이 될 것입니다.

이렇게 이야기하면 씁쓸할지 모르겠으나, 요즘은 죽은 영(靈)들보다 살아 있는 사람이 더 무섭고 잔인한 세상입니다. 그 안에서도 굴하지 않고 살아가는 우리들인데 하찮은 영(靈)들에게 좌지우지되는 삶을 살아갈 리 만무합니다. 그렇기 때문에 필자는 오늘도 내일도 수련(修練)을 통해 자신의 삶을 정진(精進)해 나갈 것을 권하는 것입니다.

## 3장

# 당신이 알고 있는
# 기(氣)

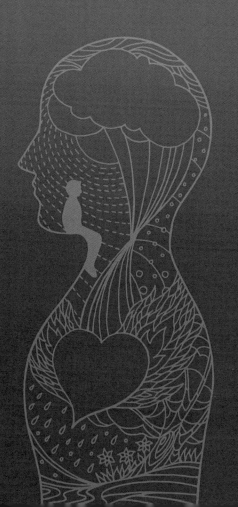

# 1. 기(氣)를 아는 사람

우리는 일상 속에서 저도 모르게 '기(氣)'에 대한 이야기를 합니다.

"저 사람은 기(氣)가 센 것 같아."
"오늘은 기(氣)가 다 빠졌어."
"상대 팀의 기(氣)에 눌려 버렸어."
"그곳에 가서 기(氣)는 펴고 살 수 있겠니?"
"이 산의 경치가 기(氣)가 막히네."

본 적도, 만져본 적도 없는 '기(氣)'를 어떻게 알고 자연스럽게 그것을 이야기하게 되었을까요? '氣'라는 글자는 '기'라 읽고, '기운'이라는 뜻을 가지고 있습니다. 동양에서는 예로부터 하늘과 땅 사이의 공간에 '기(氣)'라고 부르는 어떤 에너지가 가득하다고 생각했습니다. 또한 그 에너지에 의해 사람과 동물, 식물, 광물 등 자연의 모든 것에 변화가 일어나는 것이라고 보았습니다.

결국 '기(氣)'라는 것은 공간을 가득 채우고 있는 에너지, 인간 안의 생체 에너지, 생체 전류 등 이 세상, 아니 온 우주의 모든 것을 의미합니다.

우리 모두는 '기(氣)' 안에서 '기(氣)'를 가지고 살고 있습니다. 내 몸에 흐르는 전류 때문에 일어나는 정전기를 통해서, 공명(共鳴) 현상을 통해서, 자연의 소리와 함께하는 잠깐의 명상을 통해서 '기(氣)'의 존재를 쉽게 느낄 수 있습니다. 우리 모두가 가지고 있고 누구나 느낄 수 있는 '기(氣)'에 조금만 집중해 보고 그것을 다룰 줄 알게 된다면, 즉 에너지를 어떻게 활용해 가느냐에 따라 타고난 것인 줄로만 알았던 나 자신의 운명도 바꿔나갈 수 있다는 것입니다.

많은 독자들은 이미 론다 번의 『시크릿』을 통해 건강하고도 긍정적인 에너지가 우리의 운명에 미치는 영향에 대해 접해 보았을 것입니다. 필자는 앞으로 현대를 살아가는 많은 이들의 다양한 고민과 고통, 그리고 건강과 미용에 관한 솔루션을 '기(氣)'에 대한 이해와 활용이라는 가장 기초적 측면에서 이야기해 보려고 합니다.

기(氣) 수련을 접해 보지 못한 대다수의 사람들은 발공(기방사)이라 하면 수십 년에 걸쳐 기(氣) 수련을 한 사람들이 손바닥에서 나오는 에너지를 통해 사람을 쓰러뜨리고, 바위를 쪼개며, 물건을 공중에 띄우는 것과 같은 초능력을 발휘하는 것 정도로 생각합니다. 만화 『드래곤볼』에서 주인공이 근두운을 타거나, 에네르기파(에너지파)를 써서 악당과 싸우는 것과 같은 것 말입니다.

하지만 기적은 그런 거짓말 같은 현상을 통해서 일어나는 것이 결코 아닙니다. 내 안의 에너지 흐름을 좋게 하거나, 일상생활에 적용할 수 있는 에너지 활용법 등을 습관적으로 따라해 본다든지 하는 정도의 작은 실천만으로도 한 인간의 삶에 기적을 만들어 낼 수 있습니다. 실제로 일어난 많은 사례들(도이원 홈페이지 수련기 참고)과 이 책에서 소개할 쉽고 재미있는 기(氣) 수련 방법들을 통해 독자들 역시 스스로의 마음을 치유하는 등 큰 변화를 이끌어내고, 멀게만 느껴졌던 꿈이 어느새 내 곁에 와 있는 기적을 경험할 수 있게 되길 바랍니다.

# 2. 자신에 대한 믿음

　타인과의 끊임없는 비교, 화려한 스펙을 갖췄음에도 점점 어려워지는 취업, 복잡하고 까다로워지는 인간관계, 낮아지는 자존감 등은 스트레스라는 이름으로 자꾸만 자아를 무너뜨리고, 심지어 몸과 마음의 병을 유발하기도 합니다. 욕심만을 갖고 추구하는 모든 것은 고통이 됩니다. 하지만 앞서 이야기했듯이 스스로를 '행복한 사람'으로 만들고자 하는 의지가 확고하다면, 자신에 대한 분명한 믿음이 가장 먼저 필요합니다.

　사람은 어떠한 어려움과 마주하더라도 자신이 가진 '내면의 힘'에 대한 믿음을 가지고 있다면 당면한 상황을 새로운 국면으로 전환시키거나 돌파해 나갈 수가 있습니다. 아주 작은 힘이라도 남들과는 다른 자신만의 위력(偉力)에 대한 확신이 있고 그 힘을 재조명할 수 있다면, 이제부터는 지금까지와 다른 비범한 도전을 할 수가 있습니다.

　대부분의 사람들은 실패가 계속될 경우 한 번 더 도전할 용기를 상실하고 맙니다. 하지만 끝끝내 해내는 사람의 경우 '자신만이 갖고 있는 힘'을 믿는 마음이 두텁기 때문에 성공으로 가는 길 위에서 겪는 실패를 결코 두려워하지 않는 것입니다.

이제부터 몸과 마음이 편치 않은 일상을 돌아보고, 나의 부정적인 모든 것까지 끌어안아 주며, 행복을 향해 가고자 하는 의지가 있다면 자신에 대한 믿음을 더욱 확고히 할 필요가 있습니다.

보통 사람들은 자신의 능력에 관해 깊이 생각하지 않고 살아갑니다. 그러나 어려운 상황에 처할 때에는 새삼스럽게 자신의 무능함이라든가 왜소함에 대해 깊이 돌아보게 됩니다.

'왜 나는 돈을 많이 벌어두지 않았을까?'

'왜 나는 남들보다 힘을 갖지 못했을까?'

'남들이 좋은 줄에 설 때, 나는 바보처럼 무엇을 하고 있었던가?'

그런데 아이러니하게도 사람들은 인생에 고난이 닥쳤을 때에야 비로소 숨어 있던 자신의 특수한 능력을 발견하게 됩니다. 만약 당신이 바닥 중에서도 가장 낮은 곳에 떨어졌다면, 그럼에도 불구하고 스스로의 목숨을 끊는 일만 하지 않는다면, 이제는 반드시 승리할 수 있다고 필자는 자신할 수 있습니다.

해리포터 시리즈의 어마어마한 흥행으로 180도 달라진 인생을 살고 있는 '조앤 롤링'은 그 존재만으로도 우리에게 커다란 교훈을 줍니다.

2018년은 해리포터 시리즈의 첫 권이 나온 지 21주년이 되는 해입니다. 무명작가였던 그녀를 단숨에 세계적인 작가로 만들어준 해리포터 시리즈는 지금까지 79개 언어로 4억5천만 부가 팔려나갔다고 합니다. '조앤 롤링'이 어린이를 대상으로 썼던 판타지 소설은 21년 동안 전 세계인의 사랑을 받았고, 현재 그녀는 1조에 가까운 재산을 가진 거부가 되었습니다.

하지만 그녀가 해리포터 시리즈의 집필을 시작할 무렵 그녀의 삶은 남루하기 짝이 없었습니다. 그녀 스스로도 당시가 지금까지의 인생에 있어서 최악의 시기였다고 회상하고 있습니다.

딸을 낳은 지 몇 개월 만에 파경을 맞았고, 직장도 없이 정부 보조금을 받아가며 생계를 이어가야만 했습니다. 28세의 이혼녀에게 세상은 그렇게 녹록지 않았을 것입니다. 어린 딸을 두고 일자리를 찾아 나서기도 쉽지 않았을 텐데, 그 어려운 상황 속에서 석사 학위 취득 과정을 밟았고, 틈틈이 소설 집필에 전념했습니다. 가장 암울하고, 가슴을 옥죄는 듯한 상황 속에서 그녀는 아무도 상상하지 못한 무한 상상의 세계를 펼쳐 보여주었습니다.

처음부터 그녀의 소설이 엄청난 인기를 끌었던 것은 아니었습니다. 특히 어린이를 대상으로 한 서적에 관심을 갖는 사람은 거의 없었다고 해도 과언이 아닙니다. 이는 해리포터 시리즈의 첫 번째 책을 5백 권만 인쇄했다는 사실만으로도 알 수 있습니다. 하지만 그녀의 작품이 지닌 끝을 알 수 없는 가능성을 미국 출판 업계에서 눈여겨보았고, 엄청난 흥행 열차는 거기서부터 출발하게 되었습니다.

아동 문학 작가이자 무명 작가였던 그녀가 출판사들의 회의적 반응과 냉소적인 태도에 출판 의지를 접었더라면, 처음으로 인쇄했던 5백 부에 만족하고 붓을 꺾었더라면 그녀의 이름을 기억하는 사람은 아무도 없을 것입니다.

조앤 롤링은 가장 밑바닥에 떨어졌을 때, 전혀 다른 곳으로 생각을 스스로 전환했습니다. 그녀 자신도 생활고를 겨우 해결해 줄 정도였던 해리포터 시리즈의 첫 작품을 통해 엄청난 갑부가 될 것이라고는 상상하지 못했을 것입니다. 하지만 자신이 가장 즐겁게 매진할 수 있는 분야, 그리고 행복하게 할 수 있는 일이 무엇인지에 대한 확신은 분명히 있었을 것입니다. 확신에 찬 그녀에게서 느껴지는 오라(Aura)가 돈과 명예를 불러왔다고 할 수 있습니다.

전 세계적으로 유명한 치킨 브랜드, KFC(켄터키 프라이드 치킨)를 모르는 사람은 거의 없을 것입니다. 커넬 샌더스(KFC 할아버지)는 65세의 나이에 자신의 치킨 제조 기술을 사줄 동업자를 찾아 미국 전역을 2년 동안이나 돌아다녔습니다. 그는 무려 1,009번의 냉혹한 거절을 이겨내고 1,010번 만에 자신의 치킨 맛을 인정해주는 사업 파트너를 만날 수 있었습니다.

또한 모든 어린이들이 꿈꾸는 낙원 '디즈니랜드'를 만든 월트 디즈니

역시 테마 파크를 만들기 위해 미국 전역의 은행들과 끊임없이 접촉하며 302번이나 거절을 당한 후에야 재정 지원을 받을 수 있었다고 합니다.

현재까지도 전 세계인들에게 존경을 받고 있는 고(故) 스티브잡스 역시 오늘날의 애플사를 만들기까지 미치광이라는 소리를 듣기도 하고, 회사를 도탄에 빠뜨린 원인으로 지목되어 쫓겨나는 등 갖가지 수모를 겪었습니다. 하지만 그는 결국 IT업계에 커다란 획을 그은 사람으로 남게 되었습니다.

앞서 말씀드린 성공한 사람들은 모두 자신만의 비전을 믿고 보통 사람들이라면 진즉에 포기했을 만한 거절과 수모를 이겨낸 사람들입니다. 아무도 알아주지 않아도 이것만큼은 내가 최고로 잘 해낼 수 있다는 믿음! 그것은 어떠한 역경이라도 뛰어넘을 수 있는 기적과 같은 힘을 만들어 줍니다.

이러한 힘(Aura)은 자신이 즐거워하는 일, 흥미를 가지는 일을 할 때

발산됩니다. 자신의 적성에 맞지 않고, 흥미를 주지 못하는 일은 그만큼의 고통이 따르게 됩니다. 그러니 '나'를 바로 보고 원하는 일을 조금씩 준비하시길 바랍니다.

# 3. 이기고 싶은 당신을 위하여

이 세상의 모든 일, 모든 현상은 '힘' 게임입니다. 권력도, 경제력도 모두 '힘'입니다. 극단적인 예를 들자면, 모든 인간에게 닥쳐오는 죽음 역시 '힘'입니다. 인간에게 그것을 떨쳐낼 에너지가 있다면 코앞까지 다가온 죽음을 밀어낼 수 있고, 반대로 죽음 가까이에 있는 나의 에너지가 빈약하다면 죽음이 나를 끌어당기게 마련입니다.

뻔한 이야기로 들릴 수도 있겠지만, 무엇인가 해내고 싶고 가지고 싶다면 그것이 가진 '힘' 이상의 노력을 쏟아야 합니다. 하지만 혼자만의 생각과 노력으로는 넘어설 수 없는 벽이 도처에 있기 때문에 우리 모두에게 '수련(修鍊)'이라는 과정이 필요한 것입니다. 그리고 수련(修鍊)을 함으로써 자기 스스로를 돌보고 치유(治癒)할 수 있도록 이끌어주는 것이 기공사의 역할입니다.

"저는 왜 되는 일이 하나도 없을까요?"

필자를 찾아오는 많은 이들이 몹시 답답한 표정으로 툭 내뱉는 말입니다. '안 되는 일'을 '되는 일'로 만들기 위해서는 부정적이든 긍정적이든 내 주변에서 일어나는 모든 현상들의 출발점과 원인을 '나'로부터 찾아야 합니다.

"당신은 완전체입니까?"

이 질문을 하면 불만 가득한 표정으로 제게 묻습니다.

"제가 무엇을 더 갖추어야 합니까?"

상대는 얼마나 더 많은 스펙을 쌓아야 하느냐는 의미로 나의 말을 이해하는 경우가 많습니다. 자격증이나 어학 실력으로 냉정하게 평가되는 사회를 살아가는 현대인들에게 열의 아홉 정도는 나올 수 있는 반응입니다.

완전체란 '나'의 장점과 단점, 옳고 그름, 긍정과 부정, 좋고 싫음, 갖고 싶은 모습과 버리고 싶은 모습 등을 모두 끌어안은 '자아(自我)'를 의미합니다. 키가 작은 자신의 모습을 가장 큰 핸디캡으로 꼽는 사람을 예로 들어보겠습니다.

그의 생각으로는 그놈의 키만 좀 더 컸더라면 더 행복했을 것만 같고, 연애에도 결혼에도 전혀 문제가 없을 것만 같습니다. 또한 취업에 번번이 실패하는 이유도 그 때문이라고 생각합니다. 심지어 키 때문에 현재 되는 일이 하나도 없고 미래가 암울할 것이라 예측하기도 하며, 키가 남들보다 크지 못한 것이 유전적 영향이라며 부모를 원망하기까지 합니다.

직설적으로 이야기하자면, 그런 생각의 방향을 당장 바꾸지 않는다면 평생 키 콤플렉스에 사로잡혀 앞으로도 되는 일 하나 없는 삶을 살게 될 것이 뻔합니다.

다시 '완전체'의 개념이 무엇인지로 돌아가자면 이렇습니다.

자신의 싫은 점, 부족하다고 생각하는 점을 모두 '나'로 받아들이는 것입니다. 이미 작은 키로 살아가고 있는 그 사람의 키가 성장기 아이들처럼 쑥쑥 자란다는 것은 불가능합니다. 그렇다고 스스로에게 '작은 키'라는 족쇄를 채우고 살아가겠습니까? 나의 장점과 단점을 구분하지 않고 온전한 '나'로 받아들일 때, 우리는 비로소 '완전체'가 될 수 있습니다. 빨리 인정하고, 받아들일수록 이루고자 하는 것에 더욱 가까워질 수 있습니다.

세상의 모든 것을 이분법적으로 나누는 것은 누구입니까? 바로 '나'가 아닙니까? 아름다운 것과 추한 것, 좋은 것과 나쁜 것, 옳은 것과 그른 것, 가치 있는 것과 버려도 되는 것, 긍정과 부정… 이렇게 나누는 기준은 개개인의 마음에 있습니다. 누가 나누라고 시킨 것도, 정확한 기준을 배운 적도 없습니다.

모두 상대적인 것일 뿐인데 우리는 무엇이든 늘 분별하며 살아갑니다.

"오빠, 내가 왜 그렇게 좋아?"

사랑스러운 눈빛으로 여자 친구가 묻습니다.

"그냥 좋지. 좋은데 이유가 어디 있어?"

맞습니다. 좋은데 이유가 없듯, 싫은 데에도 이유가 없습니다. 결국 나누는 것은 '마음'일 뿐 절대로 '본질'일 수 없습니다.

갖고 싶은 나의 모습과 버리고 싶은 나의 모습을 분리해 두면 완전한 내가 될 수 없는 것처럼, 사랑에 있어서도 좋은 것과 싫은 것을 구분하기 시작하면 고통이 찾아옵니다.

"당신은 다 좋은데, 말투에 정이 없어."

"나 신경 써주는 것은 고마운데, 너무 연락 많이 하는 거 아니야? 조금만 자제해 줄래?"

내가 사랑하는 사람이 처음과는 너무나 많이 변한 것 같고, 내가 원하는 대로 맞춰 주지 않는다는 생각이 들 때쯤이면 슬슬 짜증이 나기도 합니다. 이는 비단 남녀 사이에만 국한된 이야기가 아닙니다.

모든 것을 끌어안아 주어야 합니다. 욕심을 갖고 좇기 시작하는 것은 그 모든 것이 집착이고 고통입니다. 갖고 싶지 않은 모습이라고 버려두고, 원하는 것만 골라 갖기 위해 집착하는 것은 밑 빠진 독에 끊임없이 물을 붓는 것과 같습니다. 심지어 독의 구멍은 점점 더 커지고, 인간은 지쳐갑니다.

끊임없이 몰두하고, 단 하루의 여유도 없이 달리면 달릴수록 갈증을 느끼고 허전함과 불안함을 느끼는 사람들이 많습니다.

자신의 어떤 모습이라도 스스로를 용서하고 안아주게 된다면, 누군가를 사랑하는 마음에도 아무 조건이 붙지 않습니다. 버려두고 싶고 떨어져 나갔으면 좋겠다 싶은 나의 어떤 모습이라도 곁으로 바짝 불러 껴안아 준다면 스스로에게 일어날 놀라운 변화들을 맞이할 마음의 준비가 비로소 된 것입니다.

그렇다면 '완전체'가 된 '나'는 어떤 모습일까요? 따로 분리해 놓았던 나의 모습까지 당당히 내보일 수 있는, 열등감과 피해의식으로부터 완전히 자유로워진 '나'만이 비로소 '완전체'라고 할 수 있을 것입니다. 그리고 완전체가 되어 내보이는 모든 '나'의 말과 행동은 위선(僞善) 하나 없는 '진심(眞心)' 그 자체입니다. 또한 완전체인 '나'로부터 우러나온 '진심'은 그 무엇으로도 무너뜨릴 수 없으며, '나'는 세상 어떤 일에도 휘둘리지 않게 됩니다.

그러니 이루고자 한다면, 먼저 '완전체'가 되기 위한 첫걸음을 내디뎌 보십시오.

# 4. 마음의 눈이 향하는 곳

사람들에게 평지에 폭 1미터, 길이 10미터의 판자를 놓고 걸어가라고 한다면 누구나 그 위를 쉽게 걸어갈 것입니다. 뛰어서 건너라고 해도 부담 없이 건너갈 것입니다.

그런데 만약 이 판자가 건물 옥상과 옥상 사이에 놓여 있다면 어떨까요? 아마 한 발 내딛기도 쉽지 않을 것입니다. 폭과 길이가 똑같은 판자인데도 말입니다.

왜 그럴까요? 우리들의 마음의 눈이 판자만을 보는 것이 아니라 '떨어지면 죽는다.'라는 최악의 상황을 머릿속에 그려 버리기 때문입니다.

모터스포츠 프로 선수들의 훈련 과정을 살펴보면 마음의 눈이 어떤 결과를 가져오는지를 더욱 확연히 알 수 있습니다. 선수들은 시속 200킬로미터 이상으로 달리다가 갑자기 코너를 만났을 때 급격히 다가오는 코너 벽에서 오히려 시선을 떼고 반대 방향으로 시선을 돌리며 핸들을 꺾는 연습을 혹독하게, 그리고 수도 없이 반복한다고 합니다.

반면 보통의 운전자들은 과속으로 달리다가 급커브를 만나면 십중팔구 코너에 있는 장애물, 예를 들면 나무나 전봇대, 바위 등을 들이받습니다. 그런 상황에서 벗어나기 위해서는 전혀 다른 곳으로 시선을 돌리고 그쪽으로 핸들을 틀어야 합니다만, 훈련이 되어 있지 않은 대부분의 사람들은 위험물에 시선과 정신을 고정하기 때문입니다. 갑자기 나타난 장애물을 보고 충돌할 상황을 떠올리고 끝내는 그 장애물을 향해 돌진하는 것과, 건물 사이에 놓인 판자 위를 걸으면서 떨어질 것을 예측하는 것은 같은 원리입니다.

최악이 아닌 최고의 상황을 마음속에 그리는 것은 어떠한 결과를 가져오게 될까요? 골프 법칙 중 '블라 이론'이라는 것이 있는데, 이 이론의 핵심은 '내 공은 반드시 목표한 곳에 들어간다.'고 생각하며 선명한 이미지를 확립한 뒤에 샷을 한다는 것에 있습니다.

골프의 제왕이라 불리는 잭 니클라우스도 자신의 책『골프 마이웨이』에서

"나의 골프 인생이 성공한 것은 모든 플레이를 마음의 눈으로 영상화시킨 덕분이라고 생각한다."

고 토로하였습니다. 그는 공을 티업한 후 홀 뒤쪽에 서서 티샷 후 공이 멋지게 날아 목표지점에 정확히 떨어지는 장면을 선명하게 떠올린 뒤, 그 이미지가 마음의 눈에 남아 있을 때 티샷을 했다고 합니다. 그는 오로지 목표에 이르는 모습만을 떠올렸을 뿐, 공이 OB 지역이나 Hazard에 빠질 것은 전혀 염두에 두지 않았습니다.

이처럼 이 세상의 많은 성공한 사람들은 위험이나 부정적인 상황에 마음을 두지 않고 자신의 목표 방향에만 의식의 에너지를 집중시키는 것에 매우 탁월합니다.

양자역학 이론에서 '보는 것'은, 그곳으로 강력한 현실화 양자 에너지를 순간 집중시키도록 만드는 원리의 작용이라고 합니다. 이처럼 나의 시선, 나의 마음의 눈이 어디를 향하고 있는가는 하늘과 땅 차이만큼이나 정반대의 결과를 낳습니다.

당신은 무엇을 두려워하고 있습니까? 지금 당장 피하고 싶은 결과를 향해 돌진하고 있지는 않습니까? 매일 아침 잠자리에서 눈을 뜨면 제일 먼저 오늘을 '행복'하게 살 것인가, 아니면 '불행'하게 살 것인가를 선택하십시오. 당신의 선택으로 하루가 결정되고 그것이 미래를 만듭니다.

# 5. 사랑이 가진 힘

필자는 수련생들에게 '사랑'이 무엇이라 생각하느냐 묻곤 합니다.

"음…. 아낌없이 주는 것?"

"무엇이든지 다 주고 싶은 거 아닐까요?"

"어떤 상황에서든 상대를 이해하고, 포용해 주는 것?"

모두 맞는 말씀입니다. 하지만 많은 분들이 '사랑'이라는 단어를 잘 알면서도 잘 모르고 있는 듯 보입니다. 우리가 참으로 많이 사용하는 말임에도 마땅한 정의가 없는 것입니다. '에로스(남녀 간의 사랑)', '아가페(절대적 사랑)', '플라토닉 사랑', '내리사랑', '치사랑', '짝사랑' 등 '사랑'의 종류만 해도 꽤나 여러 가지를 떠올릴 수 있으면서 말입니다. 그런데 재미있는 사실은, '사랑'에 대한 정의를 내릴 때 '사랑'이란 '~(해) 주는 것'이라는 표현을 쓴다는 것입니다.

그렇습니다! '사랑'은 무엇인가를 '받는 것'이 아니라, '주는 것'입니다.

필자 나름대로 사랑을 정의하자면,

'사랑이란, 있는 그대로를 인정하고, 존중하고, 받아들이는 것.'

이라고 생각합니다. 결국 자비, 행복, 용서, 베풂, 우정, 소망, 믿음 등은 '사랑'의 다른 정의라 생각합니다.

이와 같은 말들이 따뜻하고 긍정적인 느낌을 주는 이유는 무엇일까요? '나'를 비워야 가질 수 있는 마음이기 때문입니다. 비우지 않고는 결코 흉내낼 수 없는 숭고한 마음입니다.

그런데 어떤 사람들은 이러한 단어들을 거짓과 욕심, 어둠을 숨기기 위해 그 의미와 가치를 함부로 사용하고 있기도 합니다. '비움'을 바탕으로 존재해야 할 단어들이, '나'와 '대상' 사이의 거짓을 바탕으로 진실과는 거리가 먼 화려한 포장에 싸인 채 쉽게 오고 가는 경우가 많습니다. 이를 통해 거짓일지라도 '사랑'을 갈망(渴望)하는 분들이 많음을 알 수 있습니다. '사랑'이 가지는 힘과 가치는 우리의 삶을 더욱 풍요롭게 만들고, 완전한 만족감을 주기 때문입니다.

온갖 못된 짓만 하고 다니고, 어른들로부터 경멸에 찬 눈빛만을 받는 아이의 마음속 폭풍을 잠재울 수 있는 방법은 무엇일까요? 역시 '매'가 '약'이라고 생각하십니까? 억압하고 윽박지르면 어른의 눈에 쏙 드는 온순한 아이로 변할 수 있을까요? 결코 그렇지 않습니다.

한때 누구도 손 댈 수 없을 정도의 비행을 하다 크게 성공해 유명인이 되거나 평범한 사람으로 살아가게 된 사람들의 스토리에는, 어떤 상황 속에서든 묵묵히 기다려주고 지켜봐주던 '사랑'이 어김없이 존재합니다.

"너는 정말 구제불능이구나!"

"너 같은 애는 태어나지 말았어야 해."

"또 한 번 그러면 퇴학 조치해 버릴 줄 알아라."

한때 방황 좀 했다는 사람 치고 이런 말들을 듣고 나서 정신이 번쩍 들었다는 사람은 없을 것입니다. 오히려 가시가 되고, 바늘이 되어 따뜻한 품을 찾아 파고드는 상대를 더 멀리 나가떨어지게 만들어버립니다.

자신이 생각해도 이건 좀 너무했다 싶을 만한 대형 사고를 치고 돌아왔는데 아무 말씀도 없이 따뜻한 밥상을 차려 주셨다는 어머니의 이야기,

경찰서에 잡혀간 제자를 대신해 피해자에게 무릎을 꿇고 선처를 구하시던 스승님 이야기, 교도소에 들어가 있는 가해자를 오히려 용서해 주고 싶다는 피해자 가족의 이야기 등 소소한 이야기부터 보통 사람으로서는 잘 납득이 가지 않는 이야기까지. '사랑'을 모티프로 한 일화들은

참으로 많습니다.

이처럼 꾸준하고도 진한 '사랑'은 사람을 끌어당깁니다. 그리고 무조건적으로 기다려 주는 '사랑'은, 언젠가 그 '사랑'을 스스로 깨닫게 해 줍니다. 결국 '사랑'의 주체가 간절히 원하는 대로 사람을, 세상을, 운명을 움직일 수 있습니다. 비록 더디게 느껴질 수 있지만, 반드시 변화를 일으킬 수 있습니다.

'사랑'은 자신의 생명의 끈도 연장할 수 있습니다. 아기가 태중에 있을 때 위암 말기라는 사실을 알게 된 한 산모는 출산을 할 때까지 암 치료를 받지 않았습니다. 출산을 마쳤을 때, 암은 걷잡을 수 없을 만큼 전이가 되어 있었습니다.

아기를 낳자마자 시작된 항암 치료는 그녀의 모습을 더욱더 처참하게 만들어 갔지만, 갓 태어난 아기를 보며 그녀는 다짐을 했습니다. 아기의 돌잔치 상까지는 자기 손으로 차려 주겠노라고.

출산 직후, 그녀는 3개월 시한부 판정을 받았습니다. 하지만 할머니 등에 업혀 병실로 찾아오는 아기를 안고 또 안으며 제발 조금만 더 살게 해달라고, 아기가 크는 모습을 몇 개월이라도 더 보게 해달라고 간절히 기도했습니다.

그 결과, 그녀는 아이의 돌잔치를 볼 수 있었습니다. 물론 잠시도 앉아 있지 못할 정도로 몸은 쇠약해진 상태였지만 또렷한 정신만은 결코 놓지 않았습니다. 결국 그녀는 어린아이를 두고 너무도 일찍 떠나게 되었지만, 3개월을 훌쩍 뛰어넘어서 1년을 넘게 살아냈다는 것에 충분히 만족한다고 생각했습니다. 기적에 가까웠던 그녀의 마지막 1년은 갓 태어난 아기에 대한 모성애가 아니고서는 있을 수 없는 일이었습니다.

세상이 각박해졌다 하여 '사랑'이 주는 오라(Aura)가 퇴색하거나 사라지지는 않습니다. 다만 그 귀하고도 아름다운 가치를 믿지 않고, 알아보지 못하는 사람들이 많아질 뿐입니다.

'사랑'은 그대로입니다. 사람이 변할 뿐입니다. 그리고 비울 줄은 모르고 쟁취하려고만 합니다. 사랑하는 사람에게 값비싼 선물을 해주고 부르면 언제든지 달려가 주었는데, 정작 상대방의 마음을 얻지 못했다고 합니다. 그렇다면 그 사람에 대한 마음이 정말로 '사랑'이긴 했던 것일까요?

누군가는 연로하신 부모님께 쌓인 감정은 많지만 물질로 봉양하는 것으로써 자식 된 도리를 다하고 살았다며 자부했습니다. 하지만 부모님이 떠나가신 후, 진정으로 부모님을 '사랑'하지 못했음을 깨닫고 늘 후회와 괴로움에 몸부림 치기도 합니다. 부모님과의 오해 혹은 미움을 풀어낼 시간을 만들지 못했고, 결국 용서하지 못했기 때문입니다.

'사랑'은 곧 '비움'이기에 채우려 하고 가지려고만 한다면 '사랑'의 진짜 의미는 죽을 때까지 알지 못할 것입니다.

이제 다시 생각해 보십시오.


'사랑이란 무엇입니까?'

# 6. 공명현상의 신비

우주에 충만한 공간에너지(파동)는 끊임없이 움직입니다. 어마어마한 힘을 몰고 다니는 태풍도 파동에너지입니다. 불과 몇 도의 온도 차이로 기류가 소용돌이를 형성하고 여러 가지 전자파를 끌어들여 믿기 어려울 만큼의 에너지가 만들어지는 것입니다. 거대한 파동에너지로 만들어진 태풍은 세계 곳곳에 엄청난 비와 바람을 동반하여 막대한 피해를 입히기도 합니다.

이와 같은 파동은 동일한 파장대의 물체를 만나면 '공명(共鳴)'하는 특성이 있습니다. 1940년에 일어난 미국 워싱턴 주 타코마 다리의 붕괴는 공명현상을 설명하는데 좋은 사례가 됩니다.

타코마 다리는 길이 835m, 폭 12m로 약한 바람에도 좌우로 흔들리는 경향이 있었습니다. 그런데 완공된 지 4개월 후인 11월 7일, 19m/s의 바람이 불기 시작하면서 다리의 노면이 뒤틀리기 시작했습니다. 더 강력한 바람이 불어오는 것도 아닌데 다리의 진동과 뒤틀림 현상은 점점 심해졌습니다. 그렇게 노면의 일부가 파손되어 그 조각이 수면에 떨어졌고, 다리는 힘없이 무너져 내렸습니다.

이 다리의 파괴 원인을 조사한 전문가들은 이 다리가 바람의 난류 운동과 공명하여 뒤틀림 진동이 증가했기 때문이라고 결론을 내렸습니다. 공명현상에 의해 작은 힘이 증폭되어 커다란 힘이 만들어지는 것을 보여준 하나의 사건이었습니다.

공명현상은 우주에서 일어나는 사건이 지구에 어떻게 영향을 미칠 수 있는지 설명할 수 있는 이론입니다. 이를 통해 우주에서 일어난 한 사건은 전자기파의 진동을 일으키며, 우주 공간을 가로질러 동일한 자연적인 주파수를 가지고 있는 지구의 어떤 부분과 공명함으로써 동일한 진동을 만들어 낸다는 것을 알 수 있습니다.

따라서 공명현상은 곧 정보 전달이라고 표현해도 무방합니다. 정보 전달은 공명으로 이루어지는 것이며, 정보 전달은 그 정보 자체가 에너지를 활성화시킵니다.

피라미드 파워도 정보 전달의 하나로 볼 수 있습니다. 어떤 장소라도 피라미드 형태(정보)만 만들어주면 이집트 피라미드 내에 형성되는 에너지장과 동일한 에너지장이 만들어지기 때문입니다.

주파수가 같거나 비슷한 것끼리는 공명현상에 의해 에너지가 전달됩니다. 공명현상을 설명하는 데에는 초등학생 때 한 번쯤 보았을 소리굽쇠가 좋은 예가 됩니다. 여러 개의 소리굽쇠를 책상 위에 올려놓은 뒤 일정한 거리에서 특정 소리굽쇠를 진동시켰을 때 책상 위에 놓인(손대지 않은) 소리굽쇠가 소리를 내는 현상을 볼 수 있습니다. 이것이 공명현상입니다.

이때 소리굽쇠는 옥타브가 달라도 서로 공명합니다. 예를 들면 440Hz의 소리굽쇠가 진동하면 1옥타브 아래의 220Hz, 혹은 1옥타브 위의

880Hz의 소리굽쇠가 모두 공명합니다. 즉 440Hz의 약수(約數), 혹은 배수(倍數) 관계에 있는 주파수의 소리굽쇠는 공명하는 것입니다.

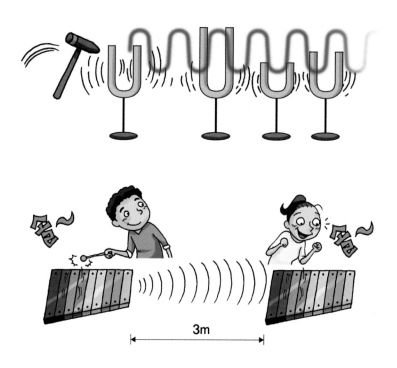

일상생활에서 느낌으로 아는 것, 즉 감지(感知)한다는 것도 공명의 원리에 따릅니다. 어떤 사람이 사무실 안으로 들어오는 것만으로도 그 공간의 분위기가 확연히 달라지는 경우가 있습니다. 이것은 그 사람의 파동이 방안의 사람들에게 공명감이나 비공명감을 느끼게 하기 때문입니다.

멀리 떨어져 있는 사람끼리 의사를 소통하는 텔레파시의 경우도 파동의 공명현상이라고 볼 수 있습니다. 서로가 생각하는 마음이 공명하여그 에너지가 전달되는 것입니다.

현대인들의 생활필수품인 휴대전화 역시 파동과 공명의 원리를 이용한 것입니다. 특정 주파수(번호)를 눌러 그것과 같은 주파수를 가진 수신기에만 그 전파신호가 공명 원리에 의해 잡히는 것입니다.

의료 분야에서는 MRI가 공명 원리를 응용한 것입니다. 원자나 분자가 대단히 정밀한 특성을 가진 에너지에 의해서만 활발해지는 특정 공명 주파수를 가지고 있는 점을 이용한 것입니다.

공명현상은 동식물의 변화도 인위적으로 조작할 수 있습니다. 중국 출신 러시아의 과학자 장칸젠 박사는 직접적인 유전자 조작 없이도 A라는 개체에서 발생하는 전자기적 파동을 B라는 개체에 쪼여주면 A개체와 B개체의 교배종이 탄생하게 된다는 사실을 밝혀냈습니다. 이는 A개체가 B개체와 공명한다는 것을 의미합니다.

예를 들어 밀에서 방사되는 미약한 전자파를 증폭하여 이를 옥수수의 씨앗에 쪼인 후 땅에 심으면, 옥수수와 밀의 중간 형태를 가진 교배종이 탄생하게 된다는 것입니다. 특이한 것은 새로 탄생한 교배종의 유전형질이 다음 세대로 전해진다는 점입니다. 이 실험은 유전자 변형 없이 단지 파동에너지만으로 생물체의 변환이 가능하다는 것을 보여준 예라고 할 수 있습니다.

이러한 결과는 동물실험에서도 마찬가지로 나타났습니다. 닭과 오리, 토끼와 쥐 등을 통한 실험과 늙은 생체에 대한 젊은 생체파동의 역할 등 새로운 이론이 계속해서 나오고 있습니다. 결국 생물전자기장을 이용하여 생물의 회춘까지 가능해진다는 것을 의미합니다.

인간도 마찬가지입니다. 생명의 기본단위가 세포라고 한다면, 생체는 단백질과 물로 된 공명자장의 회로라고 할 수 있습니다. 인체를 구성하는 중요한 분자인 단백질은 세포를 내부로부터 구조화하는 단백질과 아크친이라는 세포 골격 속의 가느다란 섬유구조, 그리고 근육 섬유 속에 있는 운동단백질 등으로 구성되어 있음을 확인할 수 있는데 이들 단백질은 DNA와 같은 나선상의 구조로 되어 있어 신호 이동에 대단히 적합합니다.

인체 세포는 조직이나 기능에 따라 고유한 정보가 프로그램화되어 있습니다. 이 정보는 각 세포 고유의 파동이라고 할 수 있는데, 다른 세포가 같은 정보를 가지고 있느냐 그렇지 않느냐를 파동의 공명으로 확인해 볼 수 있습니다. 즉 태아의 세포는 본래 모두 같은 세포였으나 어느 시기를 지나게 되면 간장·위장·신장·심장 등의 세포로 분화해 고유의 정보(파동)를 갖게 된다는 것입니다.

신장 세포와 간장 세포를 만들어 신장 세포 덩어리와 간장 세포 덩어리를 뒤섞어놓으면 간장은 간장, 신장은 신장 세포를 끌어당겨 집합을 이루어가는 현상을 볼 수 있습니다. 이것은 상호 간 정보의 공명현상에 의해 이루어지기 때문입니다. 여기서 중요한 것은 닭이나 오리 등 동물의 파장은 상대 실험생체에게 일정하게 영향을 끼치지만, 인간의 경우 일정한 형태가 아닌 파동력을 생각대로 바꿀 수 있다는 점입니다.

인간의 의식이나 감정이라는 것도 뇌에서 발생하는 파동에너지라고 할 수 있습니다. 세상의 모든 물질과 인간의 몸이나 의식, 또는 감정까지도 모두 고유의 파동이 있습니다. 즉 세상의 모든 현상을 일으키는 근원은 파동인데, 인간은 수련을 통한 의지(意志)만으로도 그것을 완전히 바꿀 수가 있습니다.

인간은 해인(海印), 혹은 송과체라고 하는 상단전의 심상(心象)을 통해 자신이 원하는 대로 천변만화(千變萬化)의 기(氣)파동을 컨트롤 할 수 있으며, 또한 그러한 기(氣)파동력으로 다른 대상에게 영향을 끼칠 수도 있습니다. 예를 들어 사이가 나쁜 사람과의 관계를 원만히 하고자 할 때나 어떤 여자나 남자를 짝사랑하고 있을 때, 그 사람이 자신에게 호감을 가지게 할 수도 있는 것입니다.

또한 멀리 떨어진 환자에게 치유 기(氣)에너지를 심력(心力) 파동에 실어 순간적으로 보낼 수도 있으며, 팔리지 않는 부동산에 강력한 기(氣)파동을 걸어놓으면 매물이 빠르게 처리되기도 하는 등 인간 능력의 무한한 힘은 지금까지 이야기 한 파동 원리와 밀접한 관계가 있습니다.

공명현상은 물질이나 의식끼리만 일어나는 것은 아닙니다. 의식과 물질 사이에도 분명 공명현상은 일어납니다.

부록으로 첨부해 드린 CD를 이용해 꾸준히 수련하셔서 공명을 통한 효과를 보시기 바랍니다.

# 7. 당신이 생각한 대로 1

　최면 암시는 이미지를 떠올리는 것으로 시작됩니다. 우뇌의 이미지는 누구라도 볼 수 있습니다. 그러나 보이지 않는다고 생각하는 사람에게는 결코 보이지 않습니다. 막연히 생각했던 것들을 현실화하기 위해서는, 먼저 성공 이미지를 자신의 마음속에 그리는 것부터 시작해야 합니다. 일단 이미지화된 일은 실현되는 속도가 빠르고도 정확합니다.

　이미지는 인간의 감각기관을 통해 들어온 자극이 전기신호가 되어 의식세계가 이해할 수 있도록 우뇌에 의해 영상화된 것입니다. 이 이미지를 사용하면 집중력·기억력·직관력·창조력과 운동능력까지 월등하게 높일 수 있습니다.

　스포츠 선수들 사이에서 이미지 훈련은 필수라고 할 수 있습니다. 고도의 정신 집중을 요하는 사격·양궁 선수들은 물론이거니와, 유도·야구 선수들에게도 이미지 훈련은 반드시 필요합니다.

　사격 선수나 양궁 선수들은 자신이 쏜 총알이나 화살이 정확히 10점 지점에 꽂히는 것을 매일 아침마다 떠올리며 하루 일과를 시작합니다. 그리고 그 효과는 상당한 것으로 알려져 있습니다. 선수들에 따르면 이미지화가 잘 되는 날에는 표적의 작은 점이 갑자기 축구공만큼 커지고 주위가 환해지는 기분이 든다고 합니다. 명중률이 확연히 높아지는 것입니다.

유도 선수나 레슬링 선수 역시 자신이 상대를 힘차게 눕히는 이미지를 수도 없이 반복하여 떠올립니다. 이를 통해 상대에 대한 두려움을 없애고 자신감을 얻는다는 이점도 있지만, 이미지 훈련을 통해 미래를 스스로 정하게 된다는 놀라운 결과까지 맛보게 될 수 있습니다.

이미지 훈련은 운의 법칙을 가장 잘 이용한 방법 가운데 하나입니다. 이미지 훈련을 개척한 사람은 세계적인 골퍼인 잭 니클라우스입니다. 그는 이미지 훈련을 시작하기 전에는 지극히 평범한 골퍼였다고 합니다. 그런데 자신이 멋진 스윙을 연속해서 성공시키는 모습을 끊임없이 이미지화한 결과 세계 최고의 골퍼로 인정받게 되었다고 합니다. 그의 이론과 훈련법은 이미 다양한 종목의 수많은 선수들이 활용하고 있습니다.

잭 니클라우스는 언젠가 이렇게 말했습니다.

"먼저 내가 원하는 위치에 하얀 볼이 새파란 잔디 위에 보기 좋게 놓여 있는 모습이 보인다. 다음에는 거기로 날아가는 볼의 움직임이 확연히 눈에 들어온다. 그리고 절묘한 스윙을 하고 있는 내 자신의 모습을 볼 수 있다."

1988년 서울올림픽 여자 100m 경기에서 우승한 프로렌스 조이너도 잭 니클라우스와 비슷한 말을 했습니다.

"경주를 시작하기 전에 기도를 하고 나 자신이 그 경주에서 우승하는 모습을 상상한다. 그러면 상쾌한 기분으로 잘 달릴 수 있다."

우뇌에서 이들처럼 확실한 이미지를 그려낸다면 모든 일이 이미지를 그린 대로 나타나게 됩니다. 불가사의하지만 이것은 사실이고, 모두가 경험할 수 있는 기적이기도 합니다.

'우뇌의 이미지'라는 말이 어려운 사람은 간단히 '꿈'이라고 이해하면 됩니다. 미래를 그리는 꿈은 우뇌나 유전자와는 관련이 없다고 생각될지 모르지만 사실은 그렇지 않습니다. 꿈은 뇌가 꾸는 것입니다. 일본의 초심리학자들은 우뇌에 대해 '선조로부터 오랜 세월에 걸쳐 기억을 거듭해온 지혜의 뇌'라고 규정하고 있습니다.

어떤 위대한 물리학자는 이론으로 뛰어넘을 수 없는 한계에 부딪혔을 때 잠결에 떠오르는 것도 놓치지 않고 메모하기 위해 머리맡에 필기구를 두고 잠을 잔 적이 있다고 합니다.

기자들이나 작가·발명가·만화가 등 창조적 발상이 필요한 많은 사람들은 자나 깨나 필기구를 곁에 둡니다. 그들은 오랜 경험을 통해 수면 상태에서 기발한 발상이 떠오른다는 것을 알기 때문입니다. 노력형 천재 만화가로 불리는 허영만 씨도 언젠가 인터뷰에서 이런 말을 한 적이 있습니다.

"스토리가 안 풀려 한동안 고심하고 있었다. 그런데 꿈속에서 다섯 가지 아이디어가 떠올랐다. 눈을 뜨면 잊어버릴까봐 아내를 깨워 종이와 펜을 준비시켰다. 눈을 감은 상태에서 그림을 그렸다. 그럼에도 불구하고 한 개는 잊어버리고 말았다."

이렇듯 마음은 물질화됩니다.

그렇다면 우뇌의 활동을 촉진시키기 위해서는 어떻게 해야 할까요? 정신적인 세계에서는 우뇌와 좌뇌 사이를 필터가 가로막고 있어서 자유롭게 왕래하지 못한다고 합니다. 그런데 이 필터가 완전히 어긋나는 때가 있습니다. 바로 뇌 내 모르핀이 작용할 때입니다. 그것은 어린애가 좋아하는 장난감 놀이에 열중하고 있을 때나 성인들이 한·일간의 축구 경기 등 흥미로운 세계에 몰입하고 있을 때입니다.

자신이 좋아하는 일을 하고 있을 때는 피로를 느끼지 못하거나 시간이 생각 이상으로 빠르게 흘러갔음을 경험한 적이 있을 것입니다. 자기가 좋다고 생각하는 마음이 물질화되었기 때문입니다. 이처럼 내가 하고 싶은 일이냐 그렇지 않은 일이냐에 따라 성공의 양상은 천국과 지옥

만큼이나 달라집니다.

만약 어느 직장을 선택할까에 대해 진지하게 고민하는 취업 희망자가 있다면 자신이 진정으로 하고 싶은 일이 무엇인지를 직장 선택의 기준으로 삼으라고 말씀드리고 싶습니다. 자신이 하고 싶지 않은 일을 하면 일의 능률도 오르지 않고 몸만 피곤해집니다. 직장 내에서 인정을 받을 수도 없습니다. 성공과는 다른 방향으로 뛰는 것과 마찬가지입니다.

현재 직장에 다니고 있는 분들이라도 자신이 속해 있는 직장에서 원하던 일을 하고 있는지에 대해 점검해 볼 필요가 있습니다. 자의든 타의든 그 일을 할 수밖에 없는 상황이라면 자신에게 맞는 일이라고, 혹은 좋아하는 일이라고 자기 암시를 하며 더욱 열심히 매진해야만 합니다. 그게 아니면 이직을 조금씩 준비하십시오. 마음 가는 곳으로 행운이 따라 움직입니다. 마음과 몸이 따로 놀면 행운도 따로 놀 수밖에 없습니다.

우뇌는 일상생활 중에 의식적으로 사용할 수 있습니다. 특별한 훈련을 거치지 않고 간단하게 생각을 물질화하는 방법은 의식을 집중시키는 것입니다. 청소년들이 컴퓨터 게임에 몰입해 있는 것처럼 좋아하는 것에 몰두하면 뇌 안에 모르핀이 분비됩니다. 이것은 일어나 있음에도 잠자고 있는 듯한 반수면 상태입니다. 명상이나 좌선에 의해 만들어지는 상태가 바로 이런 상태입니다.

인간은 무엇인가에 몰입하면 굉장한 힘이 나옵니다. 몰입하는 일은 인간의 정신력과 체력을 매우 강하게 만듭니다. 화재가 나면 평소에 들지 못했던 물건을 번쩍 들어내는 '화재 장력'이 발휘되는 것도 그 효과를 실증(實證)하는 것입니다.

하루 중에 극히 짧은 시간이라도 좋습니다. 세상에서 가장 즐거운 것을 생각해 보십시오. 신혼이라면 배우자를 생각하고, 이제 막 첫아이를 얻었다면 아이의 해맑은 미소를 떠올려 보십시오. 상사에게 칭찬을 듣는 자신의 모습을 상상하는 것도 괜찮습니다. 직장 내에서 능력을 인정받고 임원이 되는 상상도 좋습니다. 혹은 풍경이 아름다운 곳에서 여유롭고도 행복한 시간을 보내는 모습도 좋습니다. 될 수 있는 대로 꿈을 부풀게 하면 됩니다. 조금 여유가 있다면 10분 정도 생각해 봅시다. 이렇게 하는 동안 우뇌는 활성화되기 시작합니다.

명상은 의식을 보다 높은 차원으로 끌어올리기 위한 하나의 방법입니다. 명상을 통해 뇌력이 높아지면 창조적 인생을 살 수 있습니다. 본격적으로 수련을 하게 되면 오감을 넘어서 제 육의 감각이 열리게 됩니다. 믿기 어렵겠지만, 이 상태가 되면 초인적인 능력을 발휘할 수 있게 됩니다. 먼저 일상생활 속에서 실천할 수 있는 수련을 시작으로 더 깊은 수련에까지 도전해 보기를 바랍니다.

지금부터 '생각의 힘'이 막연한 것이 아님을 과학적으로 설명해 보고자 합니다.

"크게 생각하라! 생각의 크기만큼 당신의 운명이 결정된다."

D. 슈바르츠 박사, D. 카네기, 나폴레온 힐 박사, 노먼 필 박사는 이처럼 강력하게 자신들의 견해를 피력했습니다. 이러한 세계적 석학들이 관념적(觀念的)으로 표현하던 정신동력의 모든 작용과 우주에 작용하는 고단위 에너지 체계를 연구하는 첨단 물리학이 연계되는 부분을 따로 추출하여 '정신물리학'이라는 이름으로 정의해 보도록 하겠습니다. 이 '정

'신물리학'을 통해 인간의 의지가 어떻게 에너지 파동으로 변화하는지, 그 변화에 따라 에너지가 어떻게 유입되고 현실 안에서 어떤 작용을 일으키는지 추적할 수 있습니다.

아인슈타인 이후 물리학은 양자역학(양자물리학)이라는 신학문 체계를 구축하면서 편견으로 가득 차 있는 기성 과학계에 끊임없이 기술적·정신적 충격을 가해 왔습니다.

기존의 고정관념을 깨뜨리고 실체의 내면에 숨어 있는 진실을 밝혀내는 발상의 대전환, 즉 새로운 패러다임을 통해 과학자들은 모든 물질의 근저에는 더 이상 분리되지 않는 우주의 기본 단위로서 파동이 존재한다는 사실을 밝혀냈습니다.

파동은 빛과 더불어 물질이라고 부를 수 없는 어떤 상태입니다. 그리고 이 상태는 소위 '마음'이라고 일컬어지는 아주 특별한 현상의 일부분이라고 과학자들은 규명하고 있습니다. 홀로그램 우주론이라든가 차원론 같은 양자역학의 성과에 힘입어 과학자들은 '에너지 보존의 법칙'을 무너뜨리는 초과학적 장치들을 개발해내기에 이르렀습니다. 미국에서 최초로 공간에너지 집적 장치가 개발되어 특허를 받은 이래로 그와 유사한 원리를 가진 장치들이 수십 종이나 개발되었습니다. 이 장치들의 핵심적인 원리 중 하나는 기존의 전자기적 회로에 공간에너지를 유입시킬 수 있는 통로를 만들어 입력된 에너지보다 적게는 10배, 많게는 1000배 이상의 큰 에너지를 출력할 수 있다는 것입니다.

전류는 도체를 흐르다가 도체가 절단되는 곳에 이르면 불꽃 방전(放電)을 일으키면서 공기 중에 노출되는데, 이때 공간에 충만해 있는 에너지가 방전(放電)을 통해 일어난 불꽃 속의 고밀도 전하의 진동에 공명(共

鳴)하여 흡입되어 출력 에너지가 증폭되는 것입니다. 특히 테슬라 코일의 공간에너지 집적 장치는 이와 같은 불꽃 방전(放電) 원리를 이용한 것입니다. 이러한 방전(放電) 현상이 생각 에너지에 의한 '행복'이라는 인간적 현상과 어떻게 밀접한 관련이 있는지에 대해서는 이어서 설명해 보도록 하겠습니다.

# 8. 당신이 생각한 대로 2

'운명(運命)'이란 말은 정해진 그대로 흘러가야 하는, 결코 변화시킬 수 없는 원칙적인 에너지를 의미합니다. 그러므로 사자로 태어나면 사자로, 토끼로 태어나면 토끼로 살아야만 하는 것이 소위 운명(運命)인 것입니다.

인간의 운명도 마찬가지로, 실제적으로 쉽게 변화시킬 수 있는 가변적인 것이 아닙니다. 운명(運命)은 천형(天刑)과도 같이 무겁고 두려운 것이기도 합니다. 그런데 이 운명을 변화시킬 수 있는 에너지, 그것이 바로 인간의 마음입니다.

이러한 원리를 전제로 '마음의 힘'이 물질계에 일으키는 작용을 설명해 보도록 하겠습니다.

첫째, 자신이 '바라는 파동', 즉 색깔이나 형태 등을 마음속 이미지로 그려봅니다.

둘째, 손끝의 이지선(二指線)으로 강하게 방사하면, 손끝에서 방사되는 기(氣) 에너지가 공간상에서 '방전현상'을 일으키면서 자신이 '바라는 파동'과 똑같이 공진하게 됩니다. 즉 공간의 파동에너지를 엄청나게 끌어들이면서 증폭된 작용을 일으키게 되는 것입니다.

이것이 흔히 불리는 '기적'이라는 현상입니다. 이 원리에 의해 질병이 일어난 환부를 치료할 수 있고, 물질 내에 초염력을 봉입하여 긍정적 작용을 일으킬 수도 있습니다.

인체 내부의 에너지가 강하면 강할수록 '기적'을 일으킬 수 있는 공간 상의 에너지(우리 주변의 모든 공간은 에너지로 가득 차 있습니다)를 더 크게 끌어 모을 수 있습니다. 이것이 바로 우리가 하고 있는 수련의 기초입니다. 한 번 성공한 사람은 계속 성공할 수 있는 추진력을 갖게 됩니다. 그것은 태풍이 발달하는 과정과 같은 원리입니다.

태평양의 적도 해역에서는 집중되는 태양열의 복사 효과로 광범위한 수역에 걸쳐 미약한 수증기가 피어오르는 일이 잦은데, 이 증발되는 수증기가 시간이 흐름에 따라 점차 하나의 세력을 형성하면서 그 정체를 드러내게 됩니다. 그렇게 형성된 '열대성' 혹은 '아열대성' 저기압이 일조

량, 기압권의 영향 등 상황에 따라 '초기 태풍'으로 그 형태를 갖추는 일도 적지 않습니다.

이렇게 형태를 갖춘 '초기 태풍'은 점차 주위의 저기압 세력들을 끌어 모아 B급 태풍에서 A급 태풍으로 성장하여 기상도상에 그 모습을 확연히 드러내게 됩니다. 물론 어마어마한 규모의 태풍이 되기까지는 상당한 시간이 필요하지만, 한 번 초대형급 태풍으로 자리 잡고 나면 엄청난 파괴력을 발휘하며 지구의 한 지역을 순식간에 휩쓸어버리기도 합니다.

기(氣) 수련의 발전과 행복의 실현 역시 마찬가지입니다. 최초의 임계 상황을 넘어서면 엄청난 속도로 진전되며, 한 번 성과가 나타난 사람은 그 추진력으로 계속 밀고 나갈 수 있게 됩니다. 수련이든 자신의 일이든 말입니다.

필자의 경험에 의하면 행복으로 향하는 길과 기공 능력 향상의 길은 계단을 오르는 것과 같습니다. 평상시에는 전혀 나아지는 것이 없다고 느껴지지만 어느 순간 훌쩍 자라버린 자신을 발견하는 사람들을 본 것이 한두 번이 아닙니다.

수련자에게, 사업가에게, 학생에게 꼭 말하고 싶은 것은 '포기하지 말고 꾸준히 정진하라.'는 것입니다. 때로는 쉬었다가 다시 시작하는 것도 나쁘지 않습니다. 무슨 일이든 매달리다 보면 지치는 때가 있기 마련입니다. 그럴 때는 잠시 쉬었다가 시작해도 괜찮습니다. 다만 늘 자신이 어디쯤 나아가고 있는지, 얼마만큼의 실천을 해 나가고 있는지 기록해 두는 것을 추천하고 싶습니다. 한 달 혹은 두 달 뒤, 자신을 돌이켜 보고 성장을 확인하게 된다면 더 큰 용기를 가질 수 있게 되고, 또 그것이 능력 향상에 도움이 되기 때문입니다.

잊지 마십시오. 당신의 성장, 성과, 성공, 그리고 기적은 '태풍'처럼 만들어지는 것입니다.

신념이 강한 사람이 성공하며, 성공한 사람이 다시 성공합니다! 그리고 성공의 비밀은 공간 안의 에너지를 얼마만큼 끌어 쓰느냐에 달려 있습니다. 인체의 머리끝·손끝·발끝 등은 인체의 전자기력이 흐르는 회로의 단락부입니다. 이 단락부에서는 전기가 불꽃 방전을 일으키듯 평소 그 사람의 생각 파동력이 자기장의 형태로 끊임없이 방전 현상을 일으키고 있습니다. 이 현상이 바로 생체기장이며, 이 생체기장의 파동은 공진하는 같은 종류의 에너지를 끊임없이 유도해 끌어들이고 있습니다.

이 법칙에 따라 신념이 강하고 매사에 긍정적인 사람은 반드시 성공해서 성취에 따른 만족감과 행복을 맛볼 수 있지만, 반대 회로를 갖고 있는 사람은 아무리 노력하여도 불행을 벗어나기가 어려운 것입니다.

구(舊) 소련의 시베리아 강제수용소에는 수많은 사람들의 주검이 산을 이루기도 했습니다. 혹한과 기아, 그리고 중노동에 시달리는 동일한 조건 속에서 비슷한 체력 조건을 가진 수많은 포로들 중 절망에 빠져 있던 사람들은 모두 죽음을 맞이했습니다. 하지만 그 상황에서도 희망을 잃지 않았던 사람들은 대부분 살아 돌아올 수 있었습니다.

무엇인가를 반드시 해내겠다는 강한 동기가 유발되면 위대한 염력이 먼저 스스로의 생체기장을 변화시키고, 상황을 변화시킵니다. 시베리아 강제수용소에서의 삶과 죽음은 거기에서 나뉘게 된 것입니다.

목숨까지도 건질 수 있었던 이와 같은 상황에 대한 정신물리학의 결론은 명쾌합니다.

"성공하고 싶으면 우선 내 마음의 파동(mind wave)부터 바꾸라."

막스웰 웰츠 박사는 이와 같은 말과 함께 마음의 각오, 즉 내면의 신념을 새롭게 한 뒤 그 각오를 21일 정도 일정하게 유지할 수 있으면 인생이 바뀐다고 하였습니다. 하지만 필자는 이런 변화가 일어나기 위해서는 약 100일 정도가 필요하다고 생각합니다.

매일 조금씩이라도 실천하는 수련과 긍정적 사고로의 전환은 당신이 간절히 원하던 '행복'을 가져올 것입니다. 그것이 '기적'에 가까운 것이라 생각되는 것일지라도 말입니다.

4장

# 워밍업

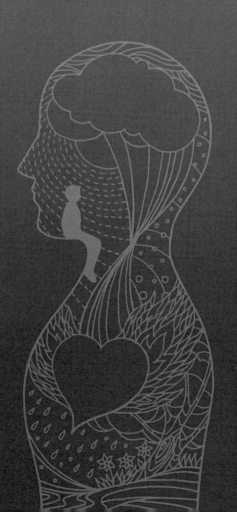

# 1. 장청뇌청:
# 장이 맑아야 뇌가 맑다

현대인들에게 찾아오는 다양한 질병과 면역력이 떨어져 생기는 질환들의 원인을 들여다보면 장(腸)의 문제인 경우가 허다합니다. 면역 세포의 70% 이상이 장에 있다는 사실만으로도 평소 장(腸) 관리가 자신의 건강 상태와 얼마나 밀접한 관계가 있는지 아실 수 있을 것입니다.

하지만 장만 건강하다고 해서 다른 장기의 기능 역시 모두 좋아지는 것은 아닙니다. 그것은 장이 나빠지는 이유를 살펴보면 알 수 있는데, 간의 기능이 떨어지면 담즙 분비가 원활하지 않아 지방 소화가 잘 되지 않고 변의 상태가 나빠집니다. 또한 폐 기능이 저하되면 대장 기능도 함께 저하되어 수분 흡수가 안 되기도 합니다.

약물의 복용이나 잘못된 음식물 섭취로 인해 장의 상태나 기능이 저하되기도 하고, 호르몬제나 항생제의 복용, 스트레스 등으로 유산균이 사멸하고 장 건강의 상태가 급격히 나빠지기도 합니다. 결국 장이 나빠지는 이유는 장 자체만의 문제가 아니라는 뜻입니다.

시중에는 유산균이 함유된 다양한 유제품과 유산균만을 따로 섭취할 수 있는 건강 보조 식품이 많이 나와 있습니다. 또한 우리의 전통 식품인 김치로도 유산균을 섭취할 수 있다고 하니, 우리 모두가 장(腸) 건강을 과신하고 있었을지도 모릅니다.

하지만 실제 유산균 음료에는 지나치게 많은 당이 함유되어 있어 불필요한 열량과 영양소까지 섭취하게 되기도 하고, 유산균이 장내까지 살아가지 못하는 경우도 많이 있습니다.

대부분의 영양소는 소장과 대장에서 흡수되는데, 장내 유익균(유산균)이 충분하지 않고, 장(腸)이 건강하지 않으면 아무리 좋은 건강식품이나 보약을 먹는다 하여도 그 효능을 제대로 볼 수가 없습니다. 흡수되지 못하고 그대로 배설된다고 보시면 됩니다.

때문에 인체 건강의 가장 기본은 장(腸)이라 하여도 과언이 아닐 것입니다. 심지어 장청뇌청(腸淸腦淸)이라는 말이 있을 정도로 장(腸) 건강은 뇌에 버금갈 정도로 우리 인체 전체에 지대한 영향을 미치고 있습니다.

그렇다면 장(腸) 관리를 제대로 한다는 것은 어떤 것일까요? 앞서 말씀드린 대로 장(腸)에서 우리가 섭취하는 영양소가 그대로 배설되는 경우가 없도록 장(腸)의 환경을 최적화하도록 노력하는 것입니다. 이를 위해 유산균과 식이섬유, 물의 충분한 섭취는 장(腸) 건강관리의 기본이라고 할 수 있습니다.

식이섬유는 불용성과 수용성으로 나눌 수 있는데, 불용성 식이섬유는 장의 구석구석을 쓸어내리는 역할을, 수용성은 불순물을 흡착하여 배출하는 데에 도움을 줍니다.

식이섬유가 부족하면 불순물을 배출하는 데에 어려움이 생겨 배변에 어려움이 생길 수 있습니다. 설사나 변비가 그것인데, 특히 변비가 심한 경우 체내 독소가 원활히 배출되지 않아 독소가 온몸으로 퍼져 피부 트러블은 물론이거니와 두통, 메스꺼움, 어지럼증 등이 동반되기도 합니다. 따라서 변비가 심할 경우에는 식이섬유와 함께 양질의 오메가3를 충분히 섭취하여 변을 부드럽게 만들어낼 수 있도록 해야 합니다.

또한 현대인들은 불규칙한 식생활과 스트레스, 그리고 장내 pH의 불균형으로 '과민성 대장증후군'으로 고생하는 사람들이 많습니다. 늘 배에 가스가 차고, 변비와 설사가 반복적으로 나타납니다.

여러분의 변은 어떻습니까? 너무 묽거나 지나치게 딱딱하여 피가 묻어 나오지는 않습니까? 일단 가장 좋은 배변 습관은 변의를 느껴 변기에 앉아 30초에서 1분 이내에 변을 보는 것입니다. 변의 상태는 바나나의 모양처럼 길쭉해야 하며 무겁게 가라앉지 않아야 합니다. 실제로 이런 변을 매일 보는 분은 흔하지 않은 것이 사실입니다. 따라서 변의 상태만으로도 자신의 장(腸) 건강의 정도를 어느 정도는 알 수 있습니다.

필자는 명상과 수련뿐만 아니라 각 가정에서 간단하게 만들 수 있는 식품으로 장(腸) 관리를 하고 있습니다. 변을 잘 보는 것만으로도 맑은 피부와 가벼운 몸 상태를 유지할 수 있습니다.

필자가 만들어 먹는 식품의 레시피는 그리 복잡하지 않고 손쉽게 재료를 구할 수 있어 독자분들께서도 꾸준히 만들어 드신다면 장(腸)을 늘 편히 유지하실 수 있을 것입니다.

<建강한 배변을 위한 음료 - 2인분 기준>

- 재료: 물 100ml, 다시마 가루 2g, 차전자피 가루 2g, 바나나, 딸기, 블루베리
  등 선택 적당량, 플레인요거트 200ml.

1. 물 100ml에 다시마 가루 2g, 차전자피 가루 2g을 적당히 풀어준다.

2. 믹서에 1과 선택한 과일, 플레인요거트를 모두 넣어준 후 7~10초가량 갈아
   준다.

3. 기호에 따라 올리고당이나 꿀을 조금 첨가.

4. 물 100ml 이상을 추가로 마신다.

앞의 방법으로 꾸준히 드셔 보신다면 분명한 효과를 보실 것입니다.

'음식으로 고치지 못하는 병은 약으로도 고칠 수 없다.'는 말이 있습니다. 많은 현대인들은 건강한 상태와 질병을 가진 상태의 중간, 즉 아병 상태에 있습니다. 필자는 현대인들이 갖은 질병을 가진 상태로 넘어가기 전에 제2의 뇌라 불리는 장(腸) 건강을 먼저 돌보아 보실 것을 권합니다.

# 2. 사람을 살리는 미네랄

'미네랄? 미네랄을 따로 먹어야 하나?'

각종 건강식품의 홍수 속에 사는 현대인들에게 미네랄의 중요성은 크게 와 닿지 않는 것일 수도 있습니다. 그도 그럴 것이 미네랄은 우리의 인체에 고작 4%만을 차지하고 있기 때문입니다.

하지만 아주 적은 양의 미네랄이 우리 인체에서 하는 일은 어마어마 합니다. 달리 말하자면 미네랄 없이 사람은 살아갈 수가 없습니다. 그런데 충격적인 사실은 현대인의 90% 이상이 미네랄 부족에 시달리고 있다는 사실입니다. 영양 과잉으로 인한 질병에 고통 받고 있는 현대인이 많은데, 정작 미네랄이 부족한 사람이 대부분이라니. 참으로 놀라운 사실이 아닐 수 없습니다.

이는 일반적인 식습관이 크게 변했음을, 즉 채소 위주에서 고기 위주로 변화되었음을 의미합니다. 또한 토양에서 자라나는 채소나 과일을 충분히 섭취하는 사람에게도 미네랄 부족이 나타나는 것은, 토양이 중금속과 농약에 심각하게 오염되어 있고 더 이상 토양에 미네랄이 풍부하게 남아 있지 않다는 것을 의미합니다.

그렇다면 미네랄이 하는 역할이 무엇이며, 부족 시 나타나는 증상에는 무엇이 있는지 알아보도록 하겠습니다.

미네랄의 종류는 90여 가지에 이를 정도로 다양합니다. 그중에서도 다량으로 요구되는 필수 미네랄은 나트륨(Na), 칼슘(Ca), 인(P), 마그네슘(Mg), 칼륨(K), 유황(S), 염소(Cl) 등이 있습니다.

미네랄은 우리 체내의 신경·전기 시스템 운영의 기본요소로, 신경자극을 전달하고 근육의 수축과 이완 등 인체의 생화학적, 전기적 작용을 담당하는 각종 효소를 생성하고 컨트롤하는 역할을 합니다. 그렇기 때문에 미네랄이 부족하면 자율신경의 기능이 떨어져 근육 경련, 심장병, 고혈압 등의 질병이 생길 수 있습니다. 쉬운 예로 눈꺼풀의 떨림 현상은 대부분 마그네슘 부족이 원인이라는 사실을 우리는 많이 알고 있습니다.

식품으로 섭취한 미네랄은 조직과 체액 속에 분포되어 수많은 대사반응에 필요한 산도와 염기도의 조절을 담당하고, 혈액과 조직, 세포에 필요한 산도와 염기도를 적절한 pH(우리 몸은 pH 7.4)로 유지할 수 있도록 해 줍니다. 우리 인체의 pH가 이 적정선에서 벗어나게 되면 생명을 유지할 수 없게 됩니다.

또한 미네랄은 우리 몸의 약 70%를 차지하는 체액의 이동을 조절합니다. 체액은 세포막을 기준으로 세포내액과 세포외액으로 나뉘는데, 이 두 체액이 세포막을 사이에 두고 미네랄에 의해 활발하게 이동하면서 생명활동이 유지되는 것입니다. 이때, 세포외액의 나트륨과 세포내액의 칼륨의 농도를 조절해서 전압을 유지·안정시키고 신경 전도를 담당하는 것이 바로 미네랄입니다.

최근에는 남녀노소 할 것 없이 고혈압의 위험에 노출되어 있는데, 고혈압도 바로 이 체내 미네랄 농도의 밸런스가 깨지면서 혈액 중의 수분이 빠져나가 혈액 농도가 짙어지며 발생하는 것입니다.

이처럼 미네랄은 우리 생명을 유지시키는 활성 작용에 지대한 영향을 미치며, 부족 시 각종 질병에 걸리거나 생명까지 위협받을 수 있습니다.

미네랄이 없으면 비타민과 단백질, 효소 등을 아무리 충분히 섭취한다 해도 어떠한 작용도 기대할 수가 없습니다. 비타민은 우리 몸의 대사 과정을 조절하며 효소의 활동을 돕고, 이 비타민이 활발하게 움직일 수 있도록 하는 효소는 미네랄의 작용으로 힘을 얻습니다.

단백질은 우리 몸의 세포 및 조직을 구성하고 보수 및 유지시키며 생명의 물질인 효소와 호르몬, 항체를 만드는 역할을 담당하는데, 미네랄이 없거나 부족하면 성장호르몬과 성호르몬, 면역기능이 제대로 작용할수가 없습니다. 게다가 미네랄 섭취가 부족한 상황에서 고단백 식품만을 지나치게 섭취하게 되면 대사 이상 즉, 대사증후군으로 생명의 위협까지 받을 수 있습니다.

먹을 것이 넘쳐나는 세상입니다. 열량과 여태 영양소의 과잉에 비해 턱없이 부족한 미네랄 섭취는 각종 질병을 유발할 수 있다는 사실을 명심해야 합니다.

가난하던 시절, 흰 쌀밥에 고기반찬, 고깃국, 흰살 생선 등은 부(富)의 상징이기도 했습니다. 하지만 현대인들은 어떻습니까? 오히려 영양에 대한 지식을 어느 정도 갖춘 사람은 붉은 살을 가진 고기를 멀리하고, 유기농 채소와 과일을 찾습니다.

한국인들은 본래 채식 위주의 식습관을 가지고 있었습니다. 그런데 서양 문물이 들어오면서 육식, 고 열량식, 패스트푸드를 즐겨 먹게 되었습니다.

현재 미국에서 정크푸드(junk food)를 주로 찾는 초고도 비만 환자들은 누구일까요? 자신을 돌볼 수 없을 정도로 가난하고 무지한 사람들만이 그러한 음식을 쉴 새 없이 먹어치웁니다. 오히려 경제 수준이 높고, 영양에 대한 어느 정도의 지식을 갖춘 사람이라면 좀 더 높은 가격을 주더라도 유기농 마트를 찾습니다.

명상과 수련을 시작함에 있어서 미네랄을 강조하는 이유는 무엇일까요? 앞서 말씀드린 대로 미네랄은 우리의 생명을 유지하는 데에 지대한 역할을 하기도 하지만, 스트레스와 짜증을 방지하는 역할을 하기도 합니다.

우스갯소리로 들은 말이지만,

"저는 부부 싸움을 하고 나면 멸치볶음을 해요. 칼슘이 신경을 진정시킨다면서요?"

라고 하던 회원의 이야기가 떠올랐습니다.

실제 미네랄이 부족하면 짜증을 잘 내게 되고, 스트레스에 민감해지며, 불안과 초조 증상에 시달릴 수 있게 됩니다. 심하면 우울증이나 폭력적인 성향을 보이기도 하며, ADHD(주의력결핍 과잉행동장애)를 앓고 있는 아이들에게는 미네랄이 턱없이 부족한 경우가 많습니다.

또한 철분부족 역시 우리 기분을 조절하는 도파민의 기능에 이상을 일으켜 짜증과 스트레스의 원인이 되고 집중력과 기억력 저하의 원인이 되기도 합니다. 이에 따라 ADHD 치료 시 철분 보충제 섭취를 적극 권장하고 있는 것이 사실입니다. 또한 칼슘과 마그네슘, 비타민D는 충분히 섭취한 경우 신경을 안정시키고, 숙면을 유도하기도 합니다.

미네랄 섭취는 어떻게 하는 것이 좋을까요? 앞서 말씀드린 바와 같이 현재는 땅의 미네랄 성분이 충분치 않아 채소와 과일 섭취만으로 인체에 필요한 미네랄을 채울 수 없습니다. 하나의 예로 60년 전에는 시금치 한 단으로 하루에 필요한 철분을 채울 수 있었다면, 현재는 19단 이상을 먹어야 철분 1일 권장량을 채울 수 있습니다. 우리에게 필요한 미네랄이 철분만이 아니라는 사실을 생각하면, 음식만으론 충분한 미네랄을 섭취를 할 수 없다는 것을 아실 수 있을 것입니다.

어린 시절, 새벽같이 일어나신 할아버지께서 약수터에서 물을 받아오시던 모습을 기억하시는 분들이 많으리라 생각합니다. 자연에서 퍼올린 물에도 미네랄이 풍부합니다.

하지만 지금은 약수 역시 환경오염으로 인해 마음 놓고 마시지 못하는 시절이 되었으며, 미네랄이 풍부하다는 생수 역시 PET병에서 나오는 발암 물질과 열과 빛에 의해 물이 쉽게 변질되는 현상이 있어 안심하고 마실 수 있는 물은 많지 않습니다.

만약 가정에서 정수기를 사용하고 계시다면 미네랄까지 걸러내는 역삼투압 방식의 정수기를 사용하고 있지는 않은지 꼼꼼히 체크해 보시고, 우리가 하루에 1.5리터에서 2리터까지 마셔야 하는 물이 미네랄까지 풍부한 건강한 물이어야 함을 꼭 기억하시기를 바랍니다. 또한 국물용 큰 멸치를 프라이팬에 타지 않을 정도로 살짝 구워 반찬으로 매일 드시면 좋겠습니다

우리 인체의 4%를 차지하고 있는 미네랄! 그것이 충분할 때, 몸과 마음의 건강을 위한 명상과 수련을 시작할 수 있습니다.

# 3. 근막통증증후군
# 치유를 위한 스트레칭

'근막통증증후군'이라는 명칭이 낯설게 느껴지는 분들이 많으리라 생각합니다. 하지만 많은 현대인들이 이 '근막통증증후군'에 시달리고 있습니다. 두피에서부터 목과 어깨에 주로 통증이 나타나며 전신의 근육 어디에서든 발병할 수 있습니다. 흔히 뒷목이 늘 뻐근하다거나 당긴다고 느끼는 것이 그 병증의 하나입니다.

'근막통증증후군'의 가장 일반적인 원인은 근육에 가해지는 스트레스, 즉 긴장과 과로 등에 있습니다. 근육의 긴장으로 인해 숙면을 취하기가 힘들어져 '근막통증증후군'의 악순환이 계속되는 것입니다.

현대인들이 스트레스 없이 산다는 것은 불가능에 가까운 일입니다. 그렇기 때문에 '근막통증증후군'은 대다수의 사람들에게 나타난다고 볼 수 있습니다. 때문에 이 질환의 통증을 없애거나 줄이는 것이 CD와 함께하는 수련의 시작이라고 볼 수 있습니다.

인터넷 쇼핑몰이나 시중에서 '마사지 봉'이나 '목 지압기'를 쉽게 구할 수 있는데, 스트레스가 심한 사람은 두피에 마사지 봉을 갖다 대고 문지르면 참을 수 없을 만큼 극심한 고통을 느끼기도 합니다.

두피뿐만 아니라 목 등 통증을 느끼는 부위를 지압기로 충분히 풀어주면 혈(穴)이 소통되어 몸이 편안한 상태로 명상과 CD훈련에 임할 수 있어 훨씬 긍정적인 결과를 얻을 수 있으며 숙면에도 큰 도움이 됩니다. 따라서 마음치유 훈련과 명상을 하기 전에 워밍업으로써 근막 마사지를 반드시 시행하시기를 바랍니다.

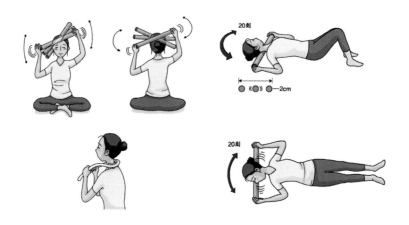

# 4. 풍수, 변화의 시작

예로부터 집을 짓거나 묏자리를 볼 때는 풍수(風水)를 매우 꼼꼼히 따져가며 방위와 자리를 선정했습니다. 그것을 단순한 미신(迷信) 정도로 여기는 사람들도 있습니다만, 현대인들에게도 풍수(風水)에 대한 이론은 내가 살고 있는 집, 그리고 가정 내 환경을 한번 쯤 점검하는데 큰 도움이 됩니다.

우리나라 대기업 총수의 저택이라든가 청와대, 혹은 명문 대학, 위대한 업적을 남긴 왕의 능(陵) 등의 위치는 기가 막힐 정도로 배산임수(背山臨水)의 명당에 자리 잡고 있는 경우가 대부분입니다.

복된 땅, 기운이 좋은 자리라는 것은 각자가 가진 종교나 가치관에 따라 다른 의미로 해석할 수 있겠습니다만, 풍수지리학으로 볼 때 그러한 자리는 전지전능한 신이 어느 날 갑자기 내 손에 쥐어주는 것이 아니라 철저한 분석과 과학적 사고를 통해 찾아내는 것이라 할 수 있습니다.

필자는 풍수(風水) 전문가도 아니고, 본 책의 핵심 역시 그것이 아니기에 내가 살고 있는 집 안에 좋은 기운이 많이 흐르도록 하는 방법과 나쁜 기운을 몰아낼 수 있는 방법 등에 대해서만 간략히 다루도록 하겠습니다.

필자가 일본에 잠시 건너가 있는 동안 집의 방위와 풍수(風水)에 관한 간략하고도 명쾌한 설명을 들은 적이 있는데, 그 이론이 신기하게도 잘 맞아 떨어지는 사례를 수도 없이 보아 왔기에 이 책을 통해 그 내용을 간략하게 나누고자 합니다.

## 집의 중심점 찾기

집의 평면도를 두꺼운 종이에 붙이고 중심점에 손가락 끝을 대어 중심이 잡히는 점을 중심으로 잡으면 됩니다. 평면도상에 현관과 베란다는 포함되어야 하고, 집 밖의 계단 및 공동의 공간은 포함되지 않으므로 가위로 오려낸 후에 중심점을 잡아야 합니다.

그렇게 중심점을 파악했으면 그 중심점에 서서 나침반을 가슴 쪽에 놓고, 방위를 정확히 파악합니다.

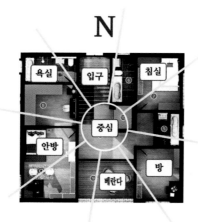

## 금전운 등 행운을 결정하는 서(西), 북(北), 동북(東北)

서쪽에서 돈이 들어와 북쪽에서 자라나고, 동북쪽에서 재산이 되므로 이 세 방위는 개인 혹은 한 집안의 금전운을 결정합니다. 그중에서도 재산이 되어주는 동북쪽은 가장 중요한 방위라고 할 수 있습니다.

집의 중심점에서 동북쪽에 해당하는 공간은 청결 유지가 매우 중요하므로 청소를 자주 해주고, 늘 정돈된 상태로 유지해 주어야 합니다. 만약 그것이 어렵다면 종이컵을 반쯤 잘라 천일염 소금을 채워놓고(컵1/3), 주 1회 교체해 줌으로써 공간을 정화해야 합니다.

① 서쪽 끝: 노란색 또는 황금색 사물을 둡니다. 예컨대 돼지저금통, 해바라기 그림이나 장식물 등이 좋습니다.
② 북쪽 끝: 종이 상자나 미니 금고에 현금, 도장, 카드, 금반지 등을 넣어 둡니다.

③ 동북쪽 끝: 무조건 청결을 유지해야 합니다. 그곳이 더러우면 재산이 만들어지지 않습니다. 위에서 말씀드린 바와 같이 소금을 담아 둔 컵을 놓아두고 1주일에 한 번쯤 교체하는 것을 잊지 마시기를 바랍니다.

## 가구 배치 및 기타

문을 등지게끔 침대를 두어 잠을 자거나 소파를 배치하여 앉으면 가족 간의 화합이 되지 않습니다. 실제로 침실과 거실 등 가구가 문을 등진 경우 이혼한 가정이 많고, 자녀 방의 경우에도 책상과 침대 등의 가구가 문을 등지고 있는 가정에 상대적으로 비행청소년이 많았습니다.

가족은 그 집과 각 방의 주인입니다. 주인은 문으로 누가 들어오는지 훤히 볼 수 있는 자리에 눕거나 앉는 것이 상식적인 것입니다. 그러니 각 방의 침대 및 잠자리, 소파 등의 위치를 반드시 체크해 보시기 바랍니다.

그리고 식물을 키우지 않는 집은 운명 에너지가 고독해지고 어두워지는 경우가 많습니다. 식물을 키우는 데에 익숙하지 않아 자꾸 죽이게 되고 짐이 된다 생각하시는 분들도 꽤 많은 것으로 알고 있습니다만, 그런 경우 관리가 수월한 식물을 추천받아 집안에 두실 것을 권합니다.

# 5. 청소와 정리로 달라지는 삶

어지러울 정도로 정리가 하나도 안 된 집에 놀러 가거나, 위생 상태가 심히 걱정스러운 식당에 가거나, 온갖 지저분한 낙서로 가득한 지하도를 걷는다고 생각해 보십시오. 어떤 기분이 들겠습니까? 그것은 우리의 기분을 나쁘게 만들고, 무겁게 만들며, 심지어 두려운 느낌까지 줄 수 있습니다.

그것이 바로 마이너스 에너지입니다. 그 누구도 마이너스 에너지를 갖고 싶어하지도, 느끼고 싶어하지도 않습니다. 그런데 주변을 정리하는 것, 자신의 눈에 거슬리는 것을 치우는 것, 지저분한 것을 치우는 것만으로도 뿜어져 나오던 마이너스 에너지를 지울 수 있다면 어떻습니까?

"당연히 치우는 게 좋은 영향을 주지 않겠습니까?"

맞습니다. 하지만 우리들의 마음은 어떻습니까?

'치워야지, 버려야지, 지워야지.'

하는 것들이 여기저기 널려있지 않습니까? 누구에게나 플러스 에너지와 마이너스 에너지가 있습니다. 마음먹은 대로 실천하지 않고 나태하다고 자책하면서도 일을 미루고 미루는 자신을 보면 누구나 마이너스 에너지를 가지고 있음을 알 수 있습니다. 다들 그것을 없애고 싶을 것이나 없앨 수는 없습니다. 그렇다고 이 마이너스 에너지를 키워간다면 그 사람은 영원히 행복의 근처에도 갈 수 없을 것입니다.

플러스 에너지의 힘을 더 키워야 합니다.

청소부터 하십시오. 지금 내가 앉아 있는 소파 주변은 어떻습니까? 하루에도 몇 번씩 들락거리는 화장실, 업무나 공부를 하는 책상 주변은 어떻습니까? 지금 당장 눈에 띄는 것부터 치워보십시오. 필기구가 너저분하게 널려 있다면, 침대의 이불이 일어났을 때의 상태로 엉망이라면, 설거지 거리가 쌓여 있다면, 그 중 하나라도 말끔하게 치워보십시오. 그것이 누구에게나 있는 마이너스 에너지를 플러스 에너지로 이기는 방법입니다.

늘 '해야지, 해야지.' 하며 미루던 일을 지금 당장 과감히 시작하십시오. 그리고 그 기분을 세심하게 느껴보시기를 바랍니다.

청소의 중요성은 두말할 나위가 없습니다. 앞서 말씀드렸던 풍수에 대한 간단한 정보 역시 청소가 기본이 되어야 합니다. 청소부터가 내 성공의 시작이라면 믿을 수 있겠습니까?

그뿐만이 아닙니다. 온 집안의 창문을 열고 공기를 바꾸어 보십시오. 그렇게 함으로써 내 집안의, 내 방안의 공기가 달라지고 기분 역시 달라집니다. 맑은 공기를 들이쉬고 내쉬면서 명상에 집중하는 것으로도 내 안의 플러스 에너지를 더욱 크게 키울 수 있습니다. 그래서 환기 또한 중요합니다.

최근 미세먼지에 대한 공포로 창문 열기가 매우 꺼려지고 있습니다. 그렇지만 환기를 통해 집안이나 사무실의 오염된 공기를 내보낸 뒤 새로운 공기를 유입시키고, 성능이 뛰어난 공기청정기를 사용해 실내 공기를 깨끗하게 유지하는 것이 우리의 건강과 긍정적인 에너지를 받아들이는 데에 도움이 됩니다.

정리정돈, 버리기, 청소, 환기를 통해 긍정적인 에너지를 받는 것뿐만 아니라 건강까지 좋아지는 것은 당연한 일입니다. 또한 자신이 특별히 아끼는 공간을 더욱 깔끔하고 아름답게 가꾸려는 노력을 한다면, 나 자신뿐만 아니라 나의 가족에 대한 애정과 감사한 마음이 샘솟는 놀라운 경험도 하실 수 있습니다. 그러니 지금 당장 시작해 보시길 바랍니다.

# 5장

# 15분으로 달라지는 삶
## - 부록 CD

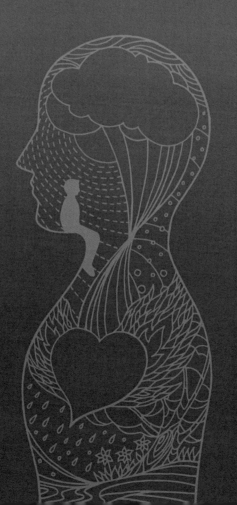

CD에는 독자 여러분이 처음 경험하게 되는, 말로만 듣던 기(氣), 프라나, 에테르 등등으로 불리는 에너지가 담겨 있습니다. 이 에너지는 신라 화랑도의 내공 수련에 기반을 둔 특별한 힘이며, 이를 각각의 트랙에 맞게 치유에 응용한 것으로 도이원만의 독자적인 기술력입니다.

이 에너지는 거의 모든 분이 느낄 수 있는 참된 힘이므로, 치유 훈련에 앞서 경험해 보는 것도 좋을 것 같습니다.

**氣 체험해 보기**

① 누운 자세에서 이어폰 또는 헤드폰을 착용합니다.

② 멘트 없이 재생 시간이 긴 명상 트랙 11번을 재생하며, 잠을 잔다는 마음으로 편안히 청취합니다.

경험상 열 분 중 아홉 분은 삼일 이내에 에너지를 체험하게 되는데, 손의 중앙 부분 또는 손 전체, 상·중·하 차크라 부분의 따뜻한 느낌, 몸이 붕 뜨는 느낌, 무언가 풀리는 느낌, 몸 여기저기서 찌릿찌릿한 게 흐르는 느낌 등을 체험하게 됩니다. 우리의 여섯 번째 감각은 늘 열려 있지만, 이를 체험·체득할 기회가 없었을 뿐입니다.

체험을 마치셨다면 부록 CD가 당신에게 가져다줄 선물이 무엇인지 기대하며 마음을 열어 보십시오.

CD를 활용한 치유 수련은 반드시 오디오를 사용하시기 바라며 컴퓨터 재생, 이어폰, 헤드폰을 사용하시면 안 됩니다. 앞서 체험한 이어폰 착용보다 느낌이 적더라도 반드시 스피커를 사용하시길 권합니다. 이는 공간 공명의 원리로 CD가 제작되었기 때문에 그렇습니다.

　모든 과정은 앉은 자세(양반다리, 반가부좌)로 하십시오. CD의 안내 멘트를 편안한 마음으로 따라하시면 에너지 공명이 당신을 치유하게 됩니다.

　개인의 건강과 운명의 힘, 경맥문제에 따라 정화 반응점이 다르게 나타나고, 느낌을 받는 부분도 달라지게 됩니다. 경맥상 문제가 많은 분은 특정 동작-자가치유 체조(몸이 스스로 움직임)가 나타날 수 있는데, 이는 수련자 내면의 치유 센터가 활발히 움직이며 겉으로 드러나는 현상이니 안심하십시오. 문제가 해소되면 의지와 상관없이 나타나는 동작은 말끔히 없어집니다(보통 1~4개월).

　만약 그 동작이 매우 크고 거칠다면 영가장애를 가지고 계신 것이라 말씀드릴 수 있습니다. CD에서 발생되는 공간 공명장을 영가가 못 견뎌하며 발버둥을 치게 되는데, 이것이 겉으로 드러나는 것입니다. 이것은 자발공이라 할 수 없는 것이므로 동작을 최대한 억제하십시오. 그래야 퇴마가 이루어집니다.

개인의 건강 및 운명력 상태에 따라 다양한 명현현상(1일~1개월)이 나타날 수 있습니다. 대표적으로 보고되는 사례를 말씀드립니다.

**① 몸이 무거워지고 나른해지며 만사가 귀찮아져요. 왜죠?**

: 깊은 마음의 상처가 뽑혀 나오는 과정에서 탁한 기운이 현재 의식을 지나치기 때문이며, 기공 용어로 '기 몸살'이라 말합니다. 인지하든 못하든 내면의 분노심이 원인입니다. 타인에 대한 용서는 곧 나를 위함임을 잊지 말아야 합니다. 용서가 되어 용서하는 것이 아니라, 용서를 해야만 그 감옥에서 벗어날 수 있게 되기 때문입니다.

**② 밤에 잠을 한숨도 못 잤어요. 그런데 다음날 피곤하진 않네요. 왜죠?**

: 한의학에서 간(肝)은 혼을 담는 장기라고 합니다. 분노는 혼을 엉클어뜨리는데 이러한 엉클어짐이 제자리를 찾으며 불면 비슷한 증상으로 나타납니다. 혼의 정화는 몸은 잠자고 정신은 깨어있는 초급삼매 상태에서만 가능한 것으로 수행자 자신의 내면 치유 시스템이 유도, 활동하기 때문입니다.

**③ 머리가 무겁고 두통이 나타나나요? 그리고, 마음이 울적하고 우울할 수 있나요?**

: 보통 새벽 1시 이후에 잠드는 분은 간뇌의 기능이 상실되는 경우가 많습니다. 이는 멜라토닌 호르몬을 제때에 생산하지 못하는 질병으로 발전하므로 스트레스와 피로를 해소하지 못하고 몸 안에 지속적으로 쌓아두게 되어 자율신경 실조를 발생시킵니다. 나아가 다른 호

르몬 문제도 발생하여 신체 전반에 문제를 일으키는데, 수행자 자신의 치유시스템이 간뇌와 호르몬 균형에 작용될 때 나타나는 반응입니다.

CD트랙은 총 10개입니다. 이 10개의 트랙 중 본인에게 필요한 트랙 2~3개 정도를 선택하여, 매일 실천하실 것을 권합니다.

자! 그럼 본격적으로 운명을 레벨 업↑ 해볼까요?

> • 중요: 복사 음원파일 추출을 하시면 에너지의 왜곡이 발생되오니 주의하십시오.

# 트랙 1. 기(氣)란 무엇인가?

　고대로부터 동양에선, 하늘과 땅 사이의 공간에 기(氣)라고 부르는 어떤 에너지가 충만해 있어 이 기의 작용으로 인해 사람과 동물, 식물, 광물, 날씨 등 자연의 모든 것이 생겨나고 변화한다고 보는 사상이 전해져 내려오고 있습니다. 현대 양자물리학에서도 기는 정보를 가진 에너지로서 모든 물질의 핵심 요소라는 사실이 밝혀진 바 있습니다.

　우주 만물을 설명하는 근본 철학인 음양오행 사상에서는 자연에 깃든 이러한 기 에너지를 크게 '음과 양' 두 가지로 분류하고 있습니다.

　이 음의 기운과 양의 기운이 성장·변화·소멸하는 과정에서 수(水)·화(火)·목(木)·금(金)·토(土)라는 다섯 가지 물질 원소 '오행(五行)'이 생겨났으며, 이 오행이 서로 대립하거나 결합하는 상극과 상생의 순환작용으로 이루진 것이 바로 자연이라고 설명합니다.

　이에 비추어, 자연의 일부인 인간의 신체 역시도 음양오행의 근원인 기의 흐름에 따라서 좋은 쪽으로 변할 수도, 나쁜 쪽으로 변할 수도 있다는 것은 당연한 이치일 것입니다.

인체 내에는 피가 흐르는 통로인 혈관이 있는 것처럼 기가 흐르는 통로 역시 존재하는데 12경락과 기경팔맥이 바로 그것입니다. 오장육부와 직접적으로 연관되어 있는 12경맥과 여기서 갈라져 나온 지선인 15개의 락을 합하여 경락이라 부르고, 오장육부와 직접적인 연관을 갖진 않지만 경락을 조절하고 지원하는 역할을 하는 8개의 경을 기경팔맥이라고 합니다.

경맥은 인체의 구석구석 미치지 않는 곳이 없으며, 인간은 이러한 경맥을 통해 우주 에너지인 기를 몸속에 공급하여 생명을 유지시킵니다. 따라서 인체는 피가 제대로 돌지 않을 때 병이 생길 뿐만 아니라, 기가 제대로 흐르지 못하고 막히게 되어도 질병에 걸리게 되는 것입니다.

동양의학은 이처럼 막힌 경맥을 열어주어 건강을 회복하도록 하는 것입니다.

경맥이 잘 열려 있어 기가 원활하게 소통되면 질병을 모르는 건강한 몸을 갖게 되며 운명력이 강한 사람이 됩니다. 반대로 기 에너지가 원활하게 유통되지 못하면 몸과 마음이 허약해지고 운명의 사이클이 하향곡선을 그리게 됩니다. 이와 같은 비밀을 경험으로 알게 된 인간은 고대로부터 기력을 강화시키기 위해 엄청난 노력을 기울여 온 것인데, 이 우주 에너지인 기를 효과적으로 모으고 강한 기력을 발휘하려면 의념 즉, 생각의 힘이 가장 중요하다고 할 수 있습니다.

## 생물의 생체기장 실험이 주는 커다란 의미

러시아의 의학박사 장칸젠은 생체기장의 존재와 그 역할을 밝혀내기 위해 일련의 동식물 실험을 실시하였습니다. 그는 실험을 통하여 모든 생물체는 각각의 생체기장을 방사하고 있으며 이 생체기장이 유전정보, 즉 DNA까지도 변화시킬 수 있음을 밝혀내어 학계에 큰 충격을 주었습니다.

장칸젠 박사는 한국을 방문한 자리에서 이렇게 밝혔습니다.

"살아있는 생명체는 고유의 생명 주파수를 가지고 있는데 바로 여기에 그 생명체의 유전 정보가 담겨 있습니다. 생명체가 내뿜는 고주파는 다른 생명체에 전달되어서 전달받은 생명체의 유전자와 신체 세포에 변화를 일으킵니다."

이후 과학자들은 DNA 주변에 에너지장이 존재한다는 것을 발견했으며, 이 에너지장은 DNA 분자가 절단되거나 심지어 제거되어도 남아 있다는 사실을 알게 되었습니다. 또한, 인체의 에너지장이 육체와 정신을 연결하는 중요한 구성요소라는 사실을 밝혀냈습니다. 즉, 에너지장이 손상되면 마음과 정신은 물론 육체까지 병든다는 것을 뒷받침하는 증거라 할 수 있습니다.

만일 이러한 에너지장을 인간의 삶에 확대 적용을 한다면 우리는 주변 상황까지 긍정적인 방향으로 바꿀 수 있는 힘을 얻게 될 것입니다. 평소 사이가 나쁜 사람과의 관계를 원만히 하거나, 자신이 하고 있는 일이 성공하도록 하거나, 멀리 떨어진 사람에게 치유에너지를 보낼 수도 있는 것입니다.

지금부터 훈련을 통해 자신의 생체 에너지장을 강화하고 운명까지도 개선시킬 수 있는 방법을 소개하고자 합니다.

본 CD는 과거 우리 민족 고유의 수련법에서 수제자에게만 전수되어 오던 고차원의 기 에너지를 최신 과학기법을 도입하여 누구나 전수받을 수 있도록 특별 제작된 것입니다. 사용자는 이 CD를 듣고 따라하는 훈련을 통해 손상된 에너지장의 치유와 정화를 이룰 수 있게 될 것입니다.

사용자 각자의 상황에 맞추어 적합한 에너지를 각각의 트랙에 담았으며, 극심한 스트레스와 온갖 상처들로 얼룩진 마음은 물론 육체적 건강과 운명에도 도움이 되도록 각고의 노력을 기울였습니다.

본 CD를 통해 여러분의 가정에 조화와 긍정의 에너지를 가득 채워, 각자가 원하는 바를 성취하시고 건강하고 행복한 삶을 이루시기를 바랍니다.

# 트랙 2. 뇌 스트레칭
# - 공황장애, 불안, 대인기피 정화

'뇌 스트레칭'은 쉽게 말해 엉킨 뇌를 풀어주는 운동이라고 할 수 있습니다. 현대인들은 이유 없이 머리가 맑지 않고, 무겁다고 느끼는 경우가 많습니다.

하지만 이 간단한 스트레칭을 통해 복잡한 머릿속을 한결 가볍게 만들어 줄 수 있고, 마음의 깊은 상처 치유에도 도움이 됩니다.

저는 불안장애의 원인을 극심한 분노라고 생각합니다. 분노의 열로 인해 뇌 신호 체계에 문제가 발생한 것입니다. 집중력이 떨어지고 멍한 상태도 뇌에 발생된 '열-피로' 때문입니다.

1. 양손의 엄지손가락을 1m가량 즉 어깨너비보다 좀 더 넓은 간격으로 벌려 편다. 그리고 천천히 안구(眼球)만을 좌우로 움직여 양 손가락을 번갈아 본다.
   안내 멘트에 따라 숫자 1(좌), 2(우), 3(좌), 4(우), 5(좌)…

2. 마찬가지의 너비로 양손의 엄지손가락을 1m가량 벌려서 편 후, 각각 10시와 4시 시계 방향으로 옮긴 뒤 같은 방법으로 안구(眼球)만을 좌우로 움직여 양 손가락을 번갈아 본다.

3. 마찬가지의 너비로 양손의 엄지손가락을 1m가량 벌려서 편 후, 각각 2시와 8시 시계 방향으로 옮긴 뒤 같은 방법으로 안구(眼球)만을 좌우로 움직여 양 손가락을 번갈아 본다.

4. 또한 마찬가지로 양손의 엄지손가락을 1m가량 벌려서 편 후, 각각 12시와 6시 시계 방향으로 옮긴 뒤 같은 방법으로 안구(眼球)만을 위아래로 움직여 양 손가락을 천천히 번갈아 본다.

이러한 아주 간단한 동작만으로도 눈과 머리가 한결 가볍고 시원해짐을 느낄 수 있습니다.

# 트랙 3. 내면의 관대한 힘과 소통

당신은 내면의 욕구, 아픔, 슬픔 등을 스스로 억제하고 있습니까?

현재의 상황이 자신이 원하는 방향으로 완벽하게 진행되고 있지 않아 고통스럽습니까? 아니면 체념이라는 방패와 포기라는 칼로 세상과 싸우고 계십니까?

계속되는 상실과 실패로 타인이 아닌 자기 스스로를 믿지 못하게 된 것은 아닙니까?

삶에는 늘 불안함이 존재합니다. 확신한다고 호언장담(豪言壯談)을 하면서도 우리는 늘 의심하기 때문에, 그 의심이 현실이 되는 것입니다. 그로 인한 고통이 지금까지 당신 손에 수갑을 채운 것이라면, 이제 당신은 그 수갑을 풀 수 있는 키를 발견하게 될 것입니다.

일의 성패보다는 그 일에 대한 의지와 용기, 그리고 인내가 중요합니다. 그러한 마음의 힘이 정신적 지주(支柱)를 튼튼하게 하여 큰 산과 같던 일도 끝끝내 이루게 하는 것임을 잘 알고 있지만, 우리는 우리 스스로를 언제부터인가 믿지 못하게 되었습니다.

지금부터 당신 안에 완벽한 존재, 큰 '나'가 있음을 알려드리고자 합니다. 이것이 '키(key)'입니다. '나'의 새로운 발견을 통해 당신은 아픔, 슬픔, 분노, 열등감, 우울감을 극복해 낼 수 있습니다. 이 키(key)는 제공된 트랙을 청취하며 필자의 안내에 따라 훈련을 하면 얻을 수 있습니다.

우선 우울한 '나', 불안한 '나', 상처받은 '나', 원망하는 '나'를 모두 인정하고 포용하여 중심에 있는 '나'와 하나 되게 해야 합니다. '나' 스스로를 외면하고 싶은 마음, 현재의 고통에서 벗어나고 싶은 마음, 모두 이해합니다. 그 고통이 마치 온 우주가 나를 짓누르는 듯 답답함으로 밀려온다는 사실을 수많은 상담을 통해 알고 있습니다.

하지만 버리려고 애를 써도, 감추려 노력해도 그 모든 것이 '나'이므로 떨쳐 낼 수가 없습니다. 몸부림치면 칠수록 그 모습이 곧 악마가 될 수도 있습니다. 모든 중심에 '나'가 있기 때문입니다. 그 중심에 어떤 '나'를 두느냐가 관건(關鍵)입니다.


모든 존재는 자연이며, 자연은 인과(因果)를 따르게 되어 있습니다. 전생-현생의 모든 인과(因果)가 현재의 '나'이므로, 억울하고 분하더라도 현재를 인정하고 있는 그대로를 받아들이십시오. 원인을 알 수 없는 내면의 불안 등의 문제도, 잘 알고 있는 문제도 '나'임을 있는 그대로 인정하고, 사랑으로 포근히 안아주십시오.

따뜻하게 당신 자신을 안아주는 훈련을 하십시오.

우울한 '나', 불안한 '나', 상처받은 '나'를 피하거나 버리려 하면 영원히 벗어날 수 없게 된다는 사실을 잊지 말아야 합니다. 이 훈련은 분열되고 흩어진 '나'를 끌어안아 중심에 서게 하여 모든 '나'를 하나 되게 하는 것입니다.

트랙에 내재된 힐링 파동과 있는 그대로의 '나'를 사랑하는 당신의 마음이 만날 때, 더욱 다양한 상황에서 소통되고 통제에서 벗어날 수 있게 만들어 주는 '키(key)'를 발견하게 될 것입니다.

적어도 약 15~30일 동안 꾸준한 훈련이 필요하므로, 힘의 균형이 시원스럽지 않더라도 몇 번 시도하고 그만두는 일은 없어야겠습니다.

'나'의 내면의 관대한 힘을 믿으십시오. 그리고 '나' 자신과 끊임없이 소통하십시오. 이 트랙은 누군가를 설득하고 세상과 상대방을 컨트롤 하면서 일 혹은 일상을 진행해야 하는, 매일의 삶이 힘겨운 분들에게도 좋은 도구가 되어줄 것입니다.

'나에 대한 이해와 수용이 먼저 이루어졌을 때, 여태까지와는 다른 방향으로 돌아가는 세상을 느낄 수 있게 됩니다.

안내에 따라 심상 이미지를 그리며 '나' 안아주기를 실행합니다.

# 트랙 4. 감정 정화 1 (뇌와 마음의 정화)

사랑하는 반려 동물이 차에 치여 죽는 것을 목격한 후의 고통, 사랑하는 사람과 이별한 후의 상처, 급작스럽게 부모님을 여의게 된 후의 아픔 등에서 쉽사리 벗어나지 못하는 이유는 무엇일까요? 그러한 사건이 일어났다는 사실, 혹은 기억 자체가 그런 고통스러운 경험을 한 사람을 힘들게 하는 것일까요?

그렇지 않습니다. 특정 사건이 일어난 당시에 동반된 감정은 당사자에게 고스란히 남아 오래도록 괴롭게 만듭니다. 사람은 살아가는 동안 많은 경험을 하고, 많은 기억을 만들어 갑니다. 그것을 지울 수는 없습니다. 지우고 싶은 기억일수록 당시의 감정이 생생하게 떠올라 시간이 흘러도 전혀 나아지지 않습니다.

그렇다면 우리는 그러한 고통에서 벗어나기 위해 어떤 노력을 해야만 하는 것일까요? 감정의 정화 과정이 반드시 필요합니다. 어떠한 사건을 통해 상한 감정을 치유한다면, 힘들었던 사건과 기억을 떠올리게 되더라도 더 이상 당시의 감정으로 고통스럽지 않게 됩니다.

이 트랙은 개개인의 의식의 흐름 안에서 더 많은 것을 인지하고 깨달아 가는 것을 돕도록 설계되어 있습니다. 이를 통해 의식의 폭과 가능성은 더욱 커져가고, 선택의 폭은 확장되어 개개인의 능력은 놀랍도록 성장해 갈 수 있습니다. 지금 자신이 가지고 있는 능력과는 비교할 수 없을 만큼의 크기로 말입니다.

우리의 뇌는 삶의 어느 지점에서든 중요하다고 여겼던 모든 생각, 아이디어, 믿음, 감정, 정체성, 고려 사항, 가치관 등을 저장해 두고 있는데, 이곳에 특별히 고안된 트랙 에너지를 흐르게 하는 것은 당신이라는 컴퓨터, 좀 더 구체적으로 말하자면 하드드라이브에 정화 버튼을 누르는 것과 같습니다.

그러한 과정을 통해 여러분은 스스로를 정화시킬 수 있고, 맑은 기운을 가지게 될 것이며, 긍정적인 에너지를 가질 수 있게 되는 것입니다. 그리고 기억과 동반된 감정에서 자유를 얻는 것입니다.

이제 독자 여러분은 그 방법이 궁금해지셨을 것입니다. 어렵거나 복잡할 것이 전혀 없으니 필자의 설명에 따라 차분히 따라오시면 됩니다.

삽화를 보시고 안내에 따라 위와 아래, 좌우, 그리고 앞면과 뒷면에 손바닥을 가볍게 살짝 누르십시오. 이 트랙에 담긴 정화 에너지가 문제가 저장된 뇌 부분에 불이 들어오게 해 줄 것입니다.

이 특별한 힐링 요법을 통해 트라우마를 극복해 보시기 바랍니다.

# 트랙 5. 감정 정화 2 (몸과 마음의 정화)

극심한 경쟁과 온갖 공해 속에 하루하루를 치열하게 살아가는 현대인 들에게 '우울증', '공황장애', '불면증'과 같은 질환은 이미 너무도 익숙한 것이 되어 버렸습니다.

앞서 말씀드렸던 바와 같이 마음의 병은 몇몇 증상으로 가볍게 지나 갈 수도 있고, 삶의 질을 극도로 떨어뜨릴 만큼 심각하게 발전할 수도 있습니다. 평범한 삶으로 되돌아오기 힘들 정도의 상태가 되기 이전에 평소 실천할 수 있는 수련법을 통해 마음의 병을 예방하고, 스스로를 치 유해 나가며 건강한 삶을 유지해 나가는 것이 참으로 중요하겠습니다.

어느 날 문득 우울한 감정이 든다 하여 그것이 곧 '우울증'이라 단순히 진단받을 수 있는 것은 아니라고 말씀드린 적이 있습니다. 하지만 삶의 의욕이 현저히 떨어지고, 어두운 감정이 꾸준히 지속되고, 식이 장애 및 수면장애가 찾아오는 등의 변화가 느껴질 때에는 내 마음에 병이 생겼 음을 인정하고 나 자신을 좀 더 아껴주고 돌보아주는 시간과 과정이 반 드시 필요합니다.

필자는 독자들에게 쉽게, 그리고 꾸준히 실천해 나갈 수 있는 에너지

요법을 전하고자 합니다.

① 양손을 가슴에 얹고, 시냇물 소리에 마음을 기울이며 천천히 호흡
   합니다.
② 스피커를 통해 나오는 깨끗한 물이 가슴을 중심으로 흐르며, 몸 구
   석구석에 흐른다는 이미지를 그려 줍니다. 가슴과 팔, 머리, 배, 허
   벅지, 발까지 말입니다.
③ 온몸 가득 물이 흐르며, 감정적 문제가 씻겨 나가는 것을 이미지화
   합니다.

# 트랙 6. 갈등 해소

우리가 속한 대부분의 직장은 사내 정치와 상사, 동료들과의 갈등이 존재합니다. 직장인들이 이직을 원하는 이유 중 대인관계의 어려움이 큰 부분을 차지한다는 것은 누구나 동의할 것입니다.

'갑'의 위치에 있는 상사의 눈 밖에 나거나, 힘 있는 간부의 라인에 속하지 못하거나, 동료들의 파벌 집단에 끼지 못한 경우 직장생활은 고통 그 자체입니다.

하지만 자신과 가족의 생계를 책임져야 하는 입장이라 이직을 실행에 옮기는 것이 쉽지만은 않습니다. 불황으로 인하여 일자리가 턱없이 부족한데다가 더 완벽한 스펙을 갖춘 젊은 인재들이 쏟아져 나오는 현실 속에서 참고 견디는 것 말고는 이렇다 할 만한 대안을 찾기란 쉽지 않습니다.

많은 분들이 매일 마음속으로 사표를 쓰고 또 씁니다. 혹은 사표를 가슴 속에 품고 다니거나 책상 속에 넣어두기도 합니다. 언제라도 던질 듯이 말입니다. 마음은 우울해지고 일에도 집중이 잘 되지 않으며, 특히 내게 상처 주는 사람을 대할 때면 심장은 미친 듯이 뛰고, 호흡도 거

칠어집니다. 그야말로 스트레스 그 자체입니다. 그런 상황이 반복될수록 얼굴도 점점 어두워져 인상도 안 좋아집니다.

어쩔 수 없이 현 직장을 계속 다녀야 하며, 내 주변의 상황들을 바꿀 수 없다면 해답을 내 안에서 찾아보시기 바랍니다.

직장에서 문제의 그 상사 또는 동료를 대할 때마다 매번 마음속으로 다음 중 하나를 그분에게 말해야 합니다.

"감사합니다."
"덕분입니다."
"행복하세요."

처음에는 정말 어렵습니다. 이를 무조건 시행할 것을 강요한다면 독자 여러분이 이쯤에서 책을 덮어버릴지도 모르겠습니다. 하지만 CD와 함께 훈련하시면 위의 행동을 행하는 게 조금씩 수월해지며, 상대를 대할 때 내 마음속에 일었던 적개심, 증오심 등이 점점 소멸되는 것이 느껴지며, 그에 따라 우선 내 마음이 편해지고 상대가 나를 대하는 태도가 조금씩 부드러워지는 것까지 느끼게 되는 방법을 말씀드리고자 합니다.

안내 멘트에 따라 먼저 나와 갈등 관계에 있는 사람이 행복해하는 모습을 상상합니다. 산 정상에 올라 시원한 바람을 느끼며 승리한 듯 행복한 표정을 짓고 있는 상대를 이미지화합니다. 이때, 상대의 이미지를 최대한 사실적으로 그리는 것이 중요합니다. 바람소리, 주위의 사람들과 나무들, 자연의 냄새 등을 그리며 한 손은 스피커에, 한 손은 상대의 심장으로 향하여 이미지를 보낸다 생각하는 것입니다. 그 순간 승리, 평화의 CD 에너지가 당신의 이미지와 함께 그에게 전달되게 됩니다.

　두 번째 안내 멘트인 바다풍경도 같습니다.

　이 훈련은 전생과 현생의 업연을 평화로 바꾸어주는 기술로 대인관계 개선에 놀라운 효력을 발휘하게 됩니다.

　이 훈련을 7일 이상 반복하시면 상대는 나를 볼 때 함께하면 성공할 것 같은 느낌을 받게 되며, 휴식 같은 평안함도 느끼게 됩니다.

　내 욕심으로 상대를 대할 때 상대도 나에게 욕심을 내는 것이며, 내가 덕(德)을 보려 할 때 상대도 계산하게 되는 것입니다. 덕(德)을 보려 한다면 내 주위에 좋은 사람이다 할 만한 사람이 적을 것이고, 덕(德)을 주려 한다면 내 주위에 함께하려는 사람이 많아질 것입니다.

이처럼 인간관계 실패의 원인은 서로에게 이익만 얻기를 원하기 때문이 아닐까요?

이 훈련은 상대를 미워하는 마음, 저주하는 마음을 가지고 있다면 쉽지 않을 것입니다. 하지만 그가 행복해하는 모습만큼이나 그로 인해 나도 그와 같은 행복이나 편안함을 느끼게 될 것이라 믿어 보십시오. 그가 있기에 나 역시 함께 행복의 길을 걸을 수 있게 됨을 이 트랙을 통해 알게 되실 것입니다.

갈등의 대상 등 현실의 모든 고통은 성장을 위한 계단입니다. 조물주의 테스트라고 생각하면 갈등은 자연스럽게 사라지게 되는 것인데, 이것이 참 어려운 것 같습니다.

수련을 하지 않는 일반인들도 상대에게서 나오는 에너지를 본능적으로 느끼게 됩니다. 내가 그를 편안하게 바라보면, 그 역시 나에게 세웠던 날을 거두게 될 것입니다.

우리가 수행을 통해 에너지를 바꾸듯 위와 같은 노력으로 상대방에 대한 부정적인 에너지가 긍정적인 에너지로 바뀐다면, 상대도 나의 에너지에 공명해 편안한 관계로 발전할 수 있다고 봅니다.

이 훈련을 통해 약 3개월 만에 지옥 같았던 직장생활이 완전히 다른 국면(局面)으로 바뀌고 있다는 말씀들을 하십니다. 마음을 달리 먹는 것만으로도 나에게서 뿜어져 나오는 에너지의 성격을 바꿀 수 있습니다. 그리고 고통스럽던 생활도 그 반대로 바꾸어 나갈 수 있습니다.

모 자동차기업의 영업사원들을 상대로 강연한 적이 있는데, 고객을 상대로 이 기법을 사용하자 판매량이 과학적으로는 설명이 불가한 수준으로 지속되고 있다는 보고도 받았습니다. 무엇보다도 고객들과의 관계가 많이 좋아져 소개가 꾸준히 이루어지고 있다고 했습니다.

이 훈련법을 통해 여러분의 직장생활이 행복해지길 기원합니다.

# 트랙 7. 사랑과 이별의 상처 정화

　우리는 태어나면서부터 끊임없이 누군가를 사랑하고, 또한 사랑을 받으며 살아갑니다. 성경에서도 사랑의 가치에 대하여 설명하고 있고, 심지어 누군가는 사랑을 위해 기꺼이 목숨을 버리기까지 합니다. 이토록 소중한 사랑인데, 사랑 때문에 행복한 사람만큼 고통 받는 사람도 많습니다.

　서로 똑같은 만큼의 사랑을 주고받는다면 모르겠으나, 혼자 만족하고 돌아서는 짝사랑을 제외하더라도 대부분의 경우 사랑은 공평하지 못합니다.

　보통 성인이 되어 마음에 맞는 상대를 만나더라도 남자가 군에 입대를 하게 되면 자연스레 이별을 맞이하게 됩니다. 세상과 격리되어 고립된 생활을 하던 군인들에게는 청천벽력(靑天霹靂) 그 자체라고 합니다. 군 복무를 하신 분들은 이런 일을 보셨거나 경험해 보셨을 겁니다.

　사회에 나와서는 경제적 또는 그 외에 더 나은 조건을 갖춘 상대를 찾아 사귀던 상대를 떠나기도 하는데, 이유는 미래에 대한 불안이 아닌가 합니다. 이 문제는 결혼을 준비하는 과정에서도 나타나는데, 혼수 문제로 다툼이 생기거나 안정적이지 못한 남자의 직업 등이 집안에서 반대 이유가 되기도 합니다.

결혼을 하고 아이가 있어도 본인 또는 배우자가 새로운 사람을 만나 헤어지기도 하며, 이런저런 경우로 나의 의사와 상관없이 이별을 하게 됐을 때 우리는 상대에 대한 배신감과 분노로 괴로워합니다. 심지어 한국에선 얼마 전까지 불륜을 간통죄로 처벌하기도 할 만큼 혼인(婚姻) 후 배우자 외의 다른 사람을 사랑하는 것을 금기시해 왔습니다.

사랑에 있어서 '나'가 괴로운 이유는 의외로 간단합니다. 상대에 대한 미련이 남아 있거나 내가 해준 것만큼 받지 못했다는 계산적인 이유, 그리고 질투심 등 대부분 나의 욕심 때문입니다. 상대에게 바라는 것이 없고, 내가 누군가를 사랑할 권리가 있듯이 그 상대도 누군가를 사랑할 권리를 가지고 있다고 인정하고 그의 선택을 존중한다면 그에 따른 배신감이나 분노도 일어나지 않을 겁니다.

'나'의 선택은 존중받길 원하면서 상대의 선택은 존중해주지 못하는 실수를 우린 늘 하고 있는 것은 아닌지 생각해 보아야 할 것입니다. 서로를 사랑한다면 정말 좋은 것이고 그렇지 않다고 해도 속상할 일이 없는 것입니다. 아무나 사랑하라는 것이 아니라, 상대가 할 수 있는 사랑을 인정하고 존중해달라는 뜻입니다.

대부분의 사람들은 '나' 스스로를 사랑하지 못하면서 사랑을 받으려고 합니다. 받는 사랑이 있어야 '나'라는 존재가 가치 있게 보여질 것이라는 잘못된 가치관을 가지는 것 같습니다. 진정으로 '나' 스스로를 사랑할 때 상대를 사랑할 수 있게 되고, 그 사랑을 받게 되는 것입니다.

당신 안에 있는 상처를 떠올리시고 상처받고 주눅 든 당신을 안아주십시오.

물론 이렇게 이해한다고 해서 힘든 감정이 순식간에 사라지고 마음의 평온을 찾을 수는 없습니다. 그러나 첨부된 CD와 함께 하신다면 빠른 시일 내에 효과를 얻으시리라 믿습니다.

안내에 따라 꾸준히 훈련하십시오. 보다 당당해진 '나'를 발견하게 될 것이며, 긍정의 공명이 당신에게 그동안 보지 못했던 사랑의 인연을 안겨줄 것입니다.

사랑은 받는 것이 아닙니다. 성경이나 불교 경전 등 어디에도 받음에 관한 내용은 없기 때문입니다. 필자는 수련생들에게 사랑은 주는 것이라 가르치고 있습니다. 사랑을 주기만 하면 받기 위해 노력해야 하는 수많은 거짓들을 만들지 않아도 되고, 마음고생도 사라지게 됩니다.

# 트랙 8. 매력적인 '나' 만들기

 

남녀를 떠나 호감이 가는 외모, 혹은 매력적인 외모에 대한 관심이 날로 커져 가고 있습니다. 이 때문에 서울 강남 일대의 성형외과들은 기업형으로 성장하고 있으며, 성형 수술을 위한 여행 패키지 상품으로 우리나라에 방문하는 외국인들도 심심치 않게 찾아볼 수 있습니다. 심지어 아직 성장이 끝나지 않은 중·고등학생들도 성형에 대해 뜨거운 관심을 갖고 있으며, 주위의 걱정 어린 만류에도 수술대에 오르는 경우가 꽤나 많습니다.

아름다움에 대한 기준은 시대와 사회, 연령 등에 따라 다르겠습니다만, 오라(Aura)만큼은 어떠한 의느님(?)의 솜씨로도 만들어낼 수 없습니다. 어떤 친구는 짝짝이 눈에 쌍꺼풀도 없지만 어마어마한 인기를 누리기도 하고, 또 어떤 친구는 흠잡을 곳 없는 완벽한 외모를 가지고는 있으나 매력이 없어 쉽게 잊히기도 합니다.

의학적으로 흠잡을 곳 없는 예쁘고 멋진 외모, 그것을 뛰어넘을 수 있는 것이 바로 진흙 속에서도 빛나는 '오라(Aura)'라는 것입니다.

자연의 소리, 새소리, 바람 등을 느끼며

① 물을 흠뻑 머금은 꽃으로 자신의 몸을 이미지화합니다.

② 맑고 깨끗해진 심신에서 피어나는 꽃향기를 실제로 맡는 듯 이미지를 떠올립니다. (라벤더 등 아로마 오일과 향로를 이용하셔도 좋습니다.)

③ 코로 숨을 크게 들이마시며 꽃향기를 뱃속 깊숙이 담고 뱃속에 있던 향기를 코로 내뱉으며 위·아래, 좌·우, 앞·뒤 등 자신의 주위로 향기가 퍼져 나감을 이미지화합니다.

④ 공간 감각을 온몸으로 느낀다 생각하고, 숨을 들이쉬고 내쉬며 주위 30cm 정도만큼 향기가 퍼져 나가는 것을 이미지화합니다.

숨을 들이쉬고 내쉬며 조금 더 나아가 50cm.

숨을 들이쉬고 내쉬며 1m.

숨을 들이쉬고 내쉬며 2m.

⑤ 향이 퍼져나가는 공간만큼 꽃과 나무가 생기고 이내 정원 한가운데에서 자연을 호흡하는 자신을 이미지화합니다.

# 트랙 9. '나'의 성공을 위하여

삶에서 자신의 몫이 무엇이고 얼마만큼인지 정할 필요가 있습니다. 애매모호한 목표로는 아무것도 이룰 수 없고, 결국 자존감이 바닥까지 내려가게 되기 때문입니다. 혹은 어떤 목표를 이루겠다고 다짐을 하면서도 과연 내가 그걸 이룰 수 있을까 하는 의구심, 이번에도 못하면 어떡하지 하는 초조함 등등 많은 부정적인 감정들이 내면에서 올라올 수 있습니다.

이때 판단 분별하는 마음을 내려놓고 마음속에서 일어나는 여러 가지 불안, 초조, 자신에 대한 불신 등을 있는 그대로 이런 것이 있구나 하는 마음으로 그냥 바라봅니다. 이 역시 꾸준히 연습하다 보면 더 이상 목표에 대한 부정적인 저항들이 일어나지 않게 되면서 목표를 이룰 수 있다는 강한 확신이 생기게 되고 목표 또한 성취하게 될 것입니다.

이 트랙에서는 매너리즘에 빠져 나아가지 못하는 분들을 위한 힐링 파동을 제공할 것입니다. 이 훈련을 통해 일, 인간관계 등이 원하는 대로 조금씩 이루어짐을 맛보게 되실 것입니다.

하지만 조금 이루었다고 해서, 혹은 일이 잘 진행된다고 해서 방심해서는 안 됩니다. 부단한 노력이 필요합니다. '나'의 세상을 넓혀 나가듯 내 역할의 스펙트럼을 키워 나가야 합니다. 그래야 '나', '나의 것'이 커지게 됩니다.

꿈을 정하고 그것에 가까워지기 위한 단계적인 목표를 세 가지 설정하여 종이에 쓴 후 CD의 안내에 따라 벽에 붙이십시오. 이 트랙을 플레이하며 벽에 가까이 좌선 자세로 앉아 목표를 편안한 마음으로 바라보십시오. 20초 정도 주시하다가 눈을 감으면 설정하신 글자의 잔상이 마음의 스크린 선상에 남게 됩니다. 그 잔상을 가만히 응시하여 기억 하십시오.

훈련 초기에는 잔상이 없거나, 있어도 오래가지 못하고 곧 사라지곤 합니다. 그러나 이 훈련을 15일 정도 반복하다 보면, 개인적 차이는 있겠지만 그 잔상이 처음과 비교하여 꽤 오랜 시간 동안 망막의 스크린에 남게 되고 서서히 희미한 빛의 덩어리가 모여드는 것도 보게 될 것입니다.

트랙에 내재된 힐링 파동은 실패한 당신을 치유하고, 설정한 목표를 이루도록 내면(內面) 에너지를 구축하게 됩니다.

트로피의 크기는 당신의 노력으로 정해집니다. 목표 안에 '나'가 있으니, 목표가 없다면 '나'도 없게 되는 것입니다. 내 안에 '나'가 없게 되면 바람에 풀잎이 흔들리듯 세파(世波)에 흔들리기만 하다가 할아버지 할머니가 되어 "인생이란 것이 참 허무하네."라고 하며, 한탄만 하게 될 것입니다.

# 트랙 10. 부(富)를 이루기 위하여

우리는 어떤 사람의 이미지에 대해 표현할 때,

"어머, 저 사람은 어쩐지 부(富)티가 흐르네."

라고 하기도 하고,

"아니 저토록 화려한 치장을 하고도 얼굴에 어쩜 저렇게 주접이 들었을까?"

라고 말하기도 합니다.

당신은 부(富)티가 나는 사람이길 원합니까, 빈(貧)티가 나는 사람이길 원합니까? 아마도 누구나 부(富)티, 혹은 여유로움이 절로 배어 나오는 사람이길 원할 것입니다.

사회적 지위에 따라 그 사람의 품위(品位)가 결정되기도 하지만 그에 걸맞은 품위를 갖추지 못한 사람들이 꽤나 많은 것도 사실입니다. 반대로 현재 상황과는 괴리(乖離)가 있다 하더라도 미래의 내 모습을 끊임없이 상상하며 그에 걸맞은 정체성을 미리 갖추어 둔다면, 그 사람은 반드시 자신이 원하는 자리에 오를 수가 있습니다.

재물의 정도가 사회적 위치를 결정하는 것은 아닙니다만, 자본주의 사회에서는 부유한 사람의 씀씀이가 그 사람의 격(格)이 되기도 합니다. 물질적 부(富)가 행복이나 성공의 척도(尺度)는 아니지만 보다 편리하고 안정적인 생활을 보장해 주는 것은 사실입니다.

하지만 한 가지 명심해야 할 점은, 돈이 사람을 따르도록 해야지 사람이 돈을 쫓아다녀서는 안 된다는 것입니다.

그렇다면 어떠한 수련을 통해 재물을 내 편으로 만들 수 있을까요?

이 트랙은 부를 이룬 성공한 사람들이 방사하는 황금색 오라(Aura)를 당신의 오라에 입력하여 그들과 같은 에너지 장을 만들어 주게 합니다.

명상자세로 앉아 불상처럼 온몸이 황금색으로 변화된 '나'를 이미지 합니다.

종소리와 함께 황금색 에너지는 더욱 밀도 있고 꽉 채워질 것입니다.

# 트랙 11. 중맥 타통 명상 10분

    도이원 명상(冥想)은 신라 시대의 화랑(花郞)들의 내공 전수 수련을 기반으로 하고 있습니다. 이 명상법을 사람에서 사람으로 전수해 줌으로써 한 개인의 내공이 높아지고 빨리 성장할 수 있었던 것입니다. 현대에는 필자와 같은 기공사를 통해 전수되고 있습니다.

    여건상 도이원에서 수련하기 힘든 분들을 위하여 각고의 노력으로 오디오용 CD를 개발하게 되었습니다.

    도이원식 명상(冥想)이 우리들에게 왜 필요한 것일까요? 사람의 정수리 부분을 '백회'라 하고, 성기와 항문의 중간을 '회음'이라고 합니다. 백회와 회음을 꿰뚫는 맥을 '중맥'이라 하는데, 이를 '타통' 시키는 것, 즉 잘 통하도록 열어주는 것이

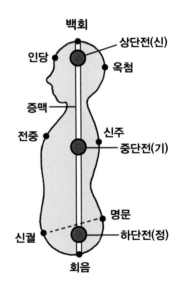

도이원 명상의 기초 핵심이라 할 수 있습니다.

원래 중맥은 열려있어야 하는데, 최근 사람들은 그렇지 못한 것 같습니다. 필자는 이곳의 막힘을 열고 좁고 탁한 기운을 정화하는 것이 무엇보다 중요하다 믿고 있습니다. 거기에 더하여 크고 센 기운, 다시 말해 중맥에 흐르는 전기가 기존에 1W였다면 10W가 되도록 해 더 행복하고 건강하며, 성공한 사람들처럼 만들어 주는 것입니다.

이렇게 사람의 몸에 흐르는 전기(電氣)를 '생체에너지'라 하는데, 이 에너지의 형태가 운명력과 직접적인 연관이 있으니 매우 중요하다 하겠습니다. 내공은 쌓일수록 크기와 세기가 커지고, 그것은 더욱 크고 아름다운 오라(Aura)를 만들어냅니다.


## 명상법

좌선에서 행하는 수식관(數息觀)이라는 것이 있습니다. 이는 기수련에서도 널리 이용되고 있는데, 그 방법은 다음과 같습니다.


정좌를 하고 자연스럽게 호흡을 하는 상태에서 들이쉬고, 내쉬는 한 호흡마다 마음속으로 '하나, 둘, 셋…' 하고 횟수를 세는데 열까지 세면 다시 '하나'로 되돌아가서 시작합니다. 좀 더 구체적으로 설명하자면 '하나'에 들이마시고, '둘'에 내쉬며, '셋'에 들이마시고, '넷'에 내쉬는 것입니다. 또는, 12345에 들이마시고, 678910에 내쉽니다. 이때 수는 하단전에서 헤아린다 생각하시며 마음속으로 세시면 됩니다.

이것은 이성과 논리의 영역을 담당하는 좌뇌의 기능을 수를 세는 것을 통해 멈추지 않고 최소한으로 활성화된 상태를 유지하게 하는 것입니다. 즉 수를 셈으로써 이성과 논리의 영역을 담당하는 좌뇌의 기능이 멈추지 않고 최소한으로 활성화된 상태를 유지하게 하는 데에 목적이 있는 것입니다. 이처럼 좌뇌를 최소한의 상태로 활성화하는 이유는, 좌뇌를 완전히 정지시키고 마음을 집중시켜 수련에 들어갈 경우 오히려 의식이 혼탁해질 수 있기 때문입니다.

좌뇌의 기능을 정지시키면 잠이 들 때의 상태와 비슷해집니다. 그것을 방지하고 맑은 각성상태를 유지하기 위해서는 좌뇌의 기능을 완전히 정지시켜선 안 됩니다.

그렇다고 좌뇌가 지나치게 활성화되어 있으면 우뇌에 집중하고자 하는 것을 억제하게 되므로 좌뇌의 기능을 수를 세는 일에 한정시키는 것입니다.

수식관은 호흡과 의식을 일치시키는 데에 목적이 있습니다만, 한 걸음 더 나아가 몸과 의식을 일치시키는 방법이며 잡념을 없애는 좋은 도구라고도 할 수 있습니다.

이를 행하다 보면 어느 순간엔가 의식이 확 빨려 들어가면서 심신은 어느덧 사라지고 몸의 안팎으로 기감이 충만한 느낌을 맛보게 됩니다. 이를 처음 느껴보는 사람들은 몽롱하면서도 오묘한 느낌을 받는데, 이는 정신통일을 체험하는 상태로 이를 입정(入靜)이라고 합니다. 물론 이때는 숫자 세기를 멈추고, 입정에 든 자신의 몸과 의식을 유지하면서 내면에 자연스럽게 맡기면 됩니다.

처음부터 잘되는 경우는 없지만, 꾸준히 수련하시면 이 단계가 익숙해지기 시작하면서 호흡을 세는 것을 의식하지 않고 가만히 어느 한 곳에 집중하는 것만으로도 입정(入靜) 상태에 들 수 있게 됩니다.

단, 여기에서 숙지할 점은 정좌를 하고 CD를 재생하면 몸에 쌓여 있던 많은 탁기(濁氣)들이 방출되어 나온다는 점입니다. 탁기는 비린내, 불쾌한 냄새 등으로 드러나기도 합니다.

수련에 들었다가 나오면 눈이 밝아지고 심신은 날아갈 듯 가뿐해지지만, 건강상 문제가 많은 분은 그 부산물인 탁기들이 주위 사람들에게 부정적인 영향을 미칠 수도 있습니다. 또한 수련 공간에 환기가 쉽게 되지 않으면 탁기를 정화하는 것이 번거로우므로 사람이 없는 조용하고 한적한 방을 택해 창문이나 문을 적당히 열어놓고 수련에 임하기를 권합니다.

보다 전문적인 명상 공부를 원하시는 분께는 저의 다른 저서 '기공사가 말하는 초능력-김경근'을 권합니다.

# 6장

## 삶에 찾아온
## 변화

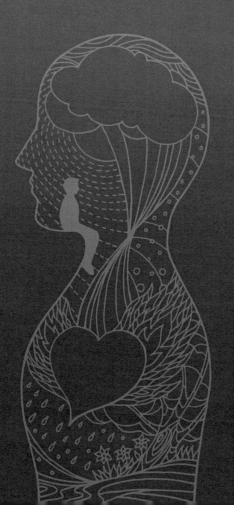

# 1. 나는 행복합니다

"선생님 전 힘든 어린 시절을 보냈습니다. 아버지는 숨이 막힐 만큼 권위적이셨고, 술만 드시면 온 집안의 집기가 남아나지 않았으며, 가족들에게 손을 대기도 하셨습니다. 하루빨리 성장하여 집에서 뛰쳐나가고 싶었고, 가족 모두를 힘들게 하는 아버지를 있는 힘껏 저주했습니다. 성인이 되어서도 아버지와 한 자리에 있는 것이 무척 불편하고 고통스러웠습니다.

그런 저에게 완전히 다른 삶이 펼쳐졌습니다. 천지(天地)가 개벽(開闢)하여 아버지가 변하거나 세상을 떠나시지 않는 한 아버지와의 관계에는 희망이 없다고 생각하며 살았던 저에게 큰 변화가 생긴 것입니다. 수련(修練)과 명상(冥想)으로 스스로를 다스리고 아픔을 다독이다 보니 저와 주변인들의 전생(前生)까지 영상처럼 들여다볼 수 있게 되었습니다. 아버지와 저의 전생(前生)의 인연(因緣)을 보고는 아버지의 모든 행동을 모두 다 진심으로 이해하고 끌어안을 수 있게 되었습니다.

전생(前生)에서 저는 평범한 가장으로 순박하게 살아가고 있던 아버지를 칼로 무참히 살해했습니다. 살려달라고 애걸복걸하는 가족들을 냉정하게 뿌리치고 온 집안에 피가 낭자하도록 잔인하게 죽였습니다. 그렇게 전생(前生)에서 아버지를 그토록 끔찍하게 죽인 업을 고스란히 짊어지고, 현세(現世)에서는 부자(父子)로 연(緣)을 맺게 된 것입니다."

대개의 사람들은 전생(前生)을 볼 수도, 기억하지도 못합니다. 하지만 우리의 유전자 속에는 그 모든 것이 기록되어 있습니다.

그는 전생(前生)에서 지금의 아버지에게 극악무도(極惡無道)한 살인(殺人)을 저질렀음을 알게 되고 나서는 평생 아버지를 사랑하고 아껴드려야겠다는 마음이 절로 생기기 시작했다고 합니다. 얼마나 고통스러우셨는지, 두려우셨는지, 슬프셨는지 그 감정이 고스란히 느껴졌기 때문입니다.

현재 연로(年老)하신 아버지는 예전만큼 큰소리를 내시거나 폭력적인 행동을 하지 않으신다 합니다. 혹시나 화를 내시는 일이 있더라도 아버지와의 전생을 보고도 끝까지 저항했다면 얼마나 더 큰 업보를 추가로 쌓았을지 모를 일입니다. 하지만 온전히 아버지를 경험하고 나니 모든 분노와 미움은 따뜻한 봄볕에 눈이 녹아내리듯 자연스럽게 사라졌고, 오히려 자꾸만 안쓰러운 마음이 들어 더 잘해드리고 싶기만 했을 것 같습니다.

모든 수련인들이 전생까지 들여다보는 경지에 이를 수는 없겠지만, 그래도 죽을 만큼 거부감이 드는 무엇인가를 온몸으로 느끼고 받아들여 보시기를 권합니다.

알고 싶지 않은 것, 경험하고 싶지 않은 것, 떠올리고 싶지 않은 것과 맞닥뜨린다는 것은 분명 쉽지 않은 일입니다. 하지만 명상을 통해 그 모든 것을 충분히 끄집어내고 경험한다면, 부정적인 모든 것들은 사라지고 긍정적인 모든 것들이 당신의 편에 설 것입니다.

저도 또한 어린 시절 지독한 가난을 경험했고 아버지의 권위에 시달리며 자랐습니다. 그리고 우연한 기회에 직장에서 당시 또래들보다 큰돈을 벌어보기도 했습니다.

하지만 그 끝을 알 수 없는 '소유'에 대한 욕심이 몸과 마음을 꽁꽁 묶어두기도, 병을 가져오기도 함을 깨닫고 오랜 세월 수련과 명상을 했습니다.

수많은 사람들이 도이원을 거쳐 갔습니다. 누군가는 마음의 병을, 누군가는 몸과 마음을 심히 흔들던 영가 장애를 완전히 치유했고, 또 누군가는 사람과의 관계나 돈으로부터 완전한 자유를 얻어가기도 했습니다.

앞서 말씀드린 바와 같이 '사랑'이란 받는 것이 아니라 주는 것입니다. 필자를 포함하여 많은 수련인들이 그 사실을 깨닫고 진정한 행복과 기쁨을 가득 누리며 살아가고 있습니다.

지금, 돈에 쫓기고 사람과의 관계에 치이며 몸과 마음의 병에 시달렸던 당신 앞에 모든 것으로부터 자유로워질 기회가 놓여 있습니다. 아무쪼록 더욱 많은 분들이 진정한 행복과 자유를 누리실 수 있게 되기를 간절히 원합니다.

# 2. 경험하면 소멸(消滅)한다

우리는 이 세상에 태어나는 순간부터 지금까지 좋고 나쁨, 옳고 그름으로 모든 것을 판단하고 시비분별하며 살아가고 있습니다. 눈에 보이는 모든 것, 눈에 보이지 않는 모든 것에 대해 끊임없이 판단하고 분별하는 것이 우리의 마음이 하는 일입니다. 그래서 좋은 것은 가져야 되고 나쁜 것은 버려야 된다고 여기는데, 그것이 마음대로 잘 되지 않으니 마음은 끊임없이 괴롭기만 합니다.

간단한 예로 갑자기 두통이 생겼다고 가정해 보겠습니다. 두통은 경험하기 싫은 나쁜 것이라 판단하고, 그것을 경험하고 싶지 않다며 우리의 마음은 두통에 저항합니다. 그러나 분별의 판단을 내려놓고 두통을 있는 그대로 느껴보면 얼마 지나지 않아 두통이 사라지는 놀라운 경험을 하게 될 것입니다.

가끔 영화나 TV에서 이런 장면들을 볼 수 있습니다. 친구 사이에 싫은 감정이 팽배해 있는 상태에서 어떤 일을 계기로 두 사람이 결국 분을 이기지 못해 치고받고 한참을 싸우다가 갑자기 서로 껴안고 화해하고 세상에 둘도 없는 친구가 되는 장면 말입니다.

서로 간에 앙금처럼 쌓여있던 싫은 감정이 치고받고 싸우면서 경험이 되어 없어져 버린 것입니다. 싫은 감정이 없어져 버렸으니 그전보다 더 가까워지는 것은 당연합니다.

그런데 반대로 싫은 감정이 있음에도 불구하고 절대 다툼을 만들고 싶지 않다는 생각으로 서로 참고만 있으면 그 싫은 감정이 사라지질 않으니 두 사람은 데면데면 한 관계밖에 형성하지 못 합니다. 물론, 싫은 감정을 싸움이라는 폭력의 형태로 발산해야 경험이 되어 사라지는 것은 아닙니다.

다이어트 하는 사람들이 실패하는 가장 큰 이유 중 하나는 이런 것이 아닐까요? 다이어트에 실패하는 이유 중 하나는 식욕을 마음먹은 대로 억제하지 못하기 때문인데요, 일정 기간 식욕을 잘 억제해 오다가 어느 순간 더 이상 참지를 못하고 폭식을 하고 맙니다.

폭식을 하게 되는 이유는 먹으면서도

'아, 이거 먹으면 살찌는데. 먹으면 안 되는데.'

라는 생각을 하기 때문입니다.

음식을 즐겁게 먹으며 음미하면 적당량을 먹어도 포만감이 오고 그 이상으로 먹고 싶은 생각이 들지 않습니다.

하지만 먹고 있으면서도

'이렇게 먹으면 살쪄서 안 되는데, 안 되는데.'

라는 생각을 하면서 먹게 되면 먹는 것을 경험하는 것이 아니게 되기 때문에 마음속으로는 끊임없이 저항하면서도 먹는 행위를 멈추지 못 하고 정작 포만감은 느껴지지 않습니다. 따라서 먹고 또 먹어도 더 먹고 싶어지는 것입니다.

어떤 것을 충분히 경험하면 그에 대한 집착이 사라지지만, 반대로 저항하면 그것은 끝까지 소멸되지 않고 당신을 괴롭히게 될 것입니다.

지금은 그나마 많이 나아졌지만 과거 한국은 굉장히 가부장적인 나라였습니다. 그래서 권위적이고 가부장적인 남성들이 많았는데 그런 가정에서 자란 딸들이 공통적으로 겪는 현상들이 있습니다.

여성이 본능적으로 자신에게 없는 남성 에너지를 받기 위해서는 특히나 아버지와의 관계가 잘 형성되어야 하는데, 어렸을 때 아버지의 사랑을 충분히 받지 못한 아이는 커서도 이성교제나 배우자와의 관계에 문제가 생길 가능성이 많습니다.

더욱이 아버지의 권위적인 모습이 싫어서, 또는 아버지의 술주정하는 모습이 싫어서

'나는 나중에 결혼하면 절대로 아버지 같은 남자는 만나지 말아야지.'

와 같은 다짐을 하는데 나중에 결혼을 하고 나서야 남편의 모습에서 싫어했던 아버지의 모습이 그대로 있다는 것을 발견하고 놀라는 일이 굉장히 많습니다. 이렇게 어떤 것에 저항하면, 저항하는 것이 끝까지 당신을 따라와서 괴롭히는 것입니다.

그러니 저항하지 마십시오.

당신이 경험한 것은, 이미 '소멸'되었습니다.

# 3. 저는 CEO입니다

안녕하십니까. 저는 신재생에너지기업 위에펠 그룹 대표이사 김강륜입니다.

2000년 초에 김경근 스승님을 뵙고 MF문화원(현 도이원)에서 마음 수련 공부를 시작하였습니다. 돌이켜보면 스승님의 가르침은 사고의 폭과 깊이를 넓히는데 큰 도움이 되었고, 동시에 '마음의 힘'의 크기는 생각의 크기와 같다는 가르침까지 받았습니다.

저는 도이원에서 마인드컨트롤을 할 수 있는 역량을 수련하여 가난과 건강상의 문제 등으로 괴로워하던 시절을 뛰어넘을 수 있었습니다. 또한 현재 제가 하고 있는 사업의 시작부터 지금까지 매우 긍정적인 영감(靈感)을 끊임없이 얻을 수 있었던 것도 마음 수련 덕분이라고 생각하고 있습니다.

저는 폐기물을 이용하여 에너지로 전환하는 신재생에너지 기업을 운영하고 있습니다. 평소 환경과 저개발국가의 에너지 문제에 관심을 갖고 있던 터에 폐기물을 친환경적인 방법으로 처리하여 에너지를 생산하는 획기적인 기술을 접하게 되었고, 에너지화 플랜트 사업에 몰두하게 되었습니다.

또한 현재 위에펠 그룹은 전 세계의 기아를 돕기 위해 매년 회사 수익의 10%를 '기아살리기재단'에 기부하여 굶어죽는 아이가 없는 세상을 만들기 위해 노력하고 있습니다.

한때 노숙자 생활을 할 만큼 힘든 시간도 많았지만 무엇인가를 꼭 이루겠다는 목표와 긍정적인 에너지, 그리고 '마음의 힘' 수련을 통해 여기까지 오게 되었습니다.

저 역시 스승님의 가르침처럼 목표가 건강하고 긍정적일수록 더 큰 힘을 가지고 있다고 생각합니다. 아직은 걸어온 길보다 가야 할 길이 더 많지만 전 인류를 이롭게 할 수 있는 일을 이루어내겠다는 사명감을 가지고 더욱 힘써 나아가도록 하겠습니다. 그리고 저의 끊임없는 노력과 열정이 이 글을 읽으시는 모든 분들에게 작은 희망의 씨앗이 되었으면 하는 바람입니다.

제가 행해 왔던 훈련법은 책에 모두 기재 되었으리라 믿고 생략하겠습니다.

여러분도 이 책을 따라 마음 수련을 쭉 이어가시면 마음속에 자리 잡은 문제의 해결, 경제력 회복 및 향상 등 간절히 원하시는 바를 모두 이루시게 될 것입니다.

감사합니다.